使いこなすための
韓国語文法

永原歩／金秀美

朝日出版社

まえがき

　この本は、主に大学の第2外国語の授業で使用することを想定した教材です。週1回、あるいは週2回の初級の授業を一通り終え、2年目に入るところで初級で学んだ範囲もきちんと覚えているか少し心配、という学習者が、初級で学んだ基本的なことを一度おさらいしながら、少しずつその上の段階に進んでいけるようにと考えて作成いたしました。

　韓国語は日本語と語順などがよく似ています。似ているので初級では学習しやすいと感じることも多いのですが、さらに学習を進めていくうちに接続語尾などの細かいニュアンスの違いなどが難しく感じられることがあります。本書ではそのような部分を例文や練習問題で学べるようにと考えました。また本書は「文法」を中心に学ぶ教科書です。「文法」は語学力の幹となる重要な部分です。「文法」を学ぶことで自分が言いたいことを韓国語の文にすることができます。逆に「文法」を学ばずに「聞く、話す」だけを習得しようとするのは、実は難しく、あまり効率的な学習方法とは言えないでしょう。韓国語で会話をしたい、ドラマやK-POPの歌詞を聞き取りたい、という人こそ、そのための最短コースとして文法をしっかり学んでみてください。

　Unit 1で第1課から12課まで、Unit 2で第13課から20課までを学習します。Unit 1は初級で学んだことに少し新しい内容を加える形で進みます。第1～3課はもうわかっているという人は3課までは簡単に確認するだけでもよいでしょう。Unit 2はさらなるレベルアップを目指して高度な文法を学習します。さらに「発展1・2」では話し言葉でよく使う表現、書き言葉で気を付けることを学習します。また途中「韓国語を使ってみよう」というページがあります。皆さんが学んだ文法を使って様々な文を作ってみて下さい。そしてクラスメートと共有して楽しんで下さい。

　本書は1課を4ページで構成し、大学の1コマの授業で1課を終えられるように考えています（授業の進め方によっては一部を課題としてもよいでしょう）。週1回の授業でしたら途中に復習や小テストをはさんでもゆとりを持って1年で終えられるようになっています。文法項目ごとに学習を進め、1冊終える頃には基本的な韓国語の文法を一通り学び終えることになります。初級の教科書ではないため「会話・読解」以外の部分の語彙やイディオムなどのリストはつけていませんが、初級を終えた学習者なら、辞書を使って十分学習を進めていけるはずです。そしてこの本の内容を学び終えたら、独学でも韓国語の勉強を続けていける力がつくはずです。

　これは言語学者の黒田龍之助氏が2014年度に東京女子大学で行った講演会で話して下さったことですが、語学を学ぶ上で一番大切なことは「続けること」だそうです。著者自身も日々韓国語を教える中でこのことを強く感じています。「続けること」は簡単なようで

実は大変なことです。ですから少しずつでも学ぶことをやめずに続けている人は必ず力が伸びていきます。語学の学習は日々目に見える成果が出るわけではなく、決して楽な道のりではありません。しかし皆さんがこの本を1冊終えたときに、韓国語をやっていてよかった、力がついた、と思っていただけたら著者としてこれほど嬉しいことはありません。

　拙著ではありますが、この本が皆さんにとって韓国語学習を続ける上での道しるべとなり、この本を学習し終えた後も皆さんが韓国語を学び続けていってくれることを願ってやみません。

　最後に本書は、金秀美が作成した中級向けの私家版教材を土台に、金秀美と永原歩が首都圏のいくつかの大学の授業で約10年間、修正を加えながら使ってきたものを元に作成しました。私家版教材を使用しながら授業を進める中で多くの有意義な示唆を得ました。また学生たちの鋭い質問やコメントは教材を改善する上で重要な助言となりました。ひとりひとりお名前を挙げることはできませんが、私たちの授業で韓国語を学んできた全ての学生に感謝いたします。朝日出版社の山田敏之さんには、最初から最後まで多くの有益なご助言をいただき、細かく複雑な修正のお願いにも辛抱強くご対応いただきました。山田さんをはじめ、本書を作成する上でお世話になった全ての方に改めて感謝申し上げます。

2018年秋　著者

目 次

Unit 1

第1課 합니다体と해요体
名詞文、形容詞・動詞文の합니다体、해요体、해요体における縮約・脱落 …… 2

第2課 過去形
名詞文、動詞・形容詞文の過去形の합니다体と해요体 …………………… 6

■韓国語を使ってみよう❶「インタビュー＆友達を紹介しよう」………………… 9

第3課 いろいろな助詞
-는/은、-가/이、-를/을、-에、-에게、-한테、-에서、-로/으로、-부터、
-까지、-와/과、-하고、-랑/이랑、-도、-보다の基本的な助詞 …………… 10

第4課 不規則活用①
ㄹ不規則、ㅂ不規則、ㅅ不規則、ㄷ不規則活用 …………………………… 14

第5課 不規則活用②
ㅎ不規則、으不規則、르不規則、러不規則、우不規則活用 ……………… 18

第6課 敬語とぞんざい表現
用言の尊敬形、特殊な尊敬形・謙譲形、尊敬の意味を持つ名詞・助詞
ぞんざい表現 …………………………………………………………………… 22
特殊な尊敬・謙譲形（動詞・存在詞）、名詞、助詞対照表 ………………… 26

第7課 連体形
動詞・있다・없다・形容詞・名詞の現在・過去・未来連体形、不規則活用と
連体形 …………………………………………………………………………… 28

■韓国語を使ってみよう❷「連想ゲームで文を作ろう」………………………… 31

第8課 否定関連表現
否定形、可能・不可能、禁止表現、否定文と共に用いられる副詞 ………… 32

第9課 連体形の関連表現①
連体形を用いる表現、連体形+동안、것 같다、것이다、적이 있다/없다、
후에/다음에、지 ………………………………………………………………… 36

第10課 名詞化関連表現
名詞化語尾-기と-기を使った様々な表現
名詞化語尾-ㅁ/음と-ㅁ/음を使った関連表現 ········ 40

第11課 接続表現①
-고と関連表現：-고 있다、-아/어 있다、-고 싶다、-고 싶어하다
理由を表す接続語尾：-(이)니까、-(으)니까、-아/어서 ············· 44

第12課 接続表現②
条件や仮定、譲歩を表す語尾と関連表現：-(으)면、-아/어도、
並行や逆接の接続語尾：-는데、ㄴ데/은데、-(으)면서 ············ 48

■ 韓国語を使ってみよう❸　「物語をリライトしてみよう」 ··············· 52

Unit 2

第13課 いろいろな助詞②
限定、頻度、様子を表す助詞：-만、-밖에、-마다、-처럼
選択の幅を表す助詞：-조차、-마저、-(이)라도、-(이)나
その他の助詞：-대로、-(으)로서、-(으)로써 ············· 54

第14課 接続表現③
様々な細かいニュアンスを表す接続語尾：-거나、-더라도、-더니、-아/어야、
-느라고、-도록、-(으)려고、-다시피、-자마다 ············· 58

第15課 連体形の関連表現②
様々な連体形を用いる表現：連体形 + 길에、김에、겸、듯이、테니까、대로、
셈、만하다、게 좋다、덕분에、바람에、지도 모르다、모양이다 ············· 62

第16課 引用表現①
直接引用、間接引用の平叙文と疑問文 ············· 66

第17課 引用表現②
間接引用の命令文と勧誘文 ············· 70

第18課 使役表現
接辞による使役、-게 하다/만달다、名詞+시키다 ············· 74

第19課 受身表現
接辞による受身、動詞語幹 + 아/어 지다、名詞+되다、받다、당하다 ············· 78

第20課 形式名詞
いろいろな形式名詞：수、리、뿐、만큼、줄、지경、참、바、탓、뻔 ············· 82

■ 韓国語を使ってみよう❹「友達のことをもっと知ろう」 ··············· 86

発展

発展 1 文末表現
話者の意向、状況説明、相手の意向や判断を尋ねる：
-(으)ㄹ게、-거든、-(으)ㄹ래、-(으)ㄹ까
話者の聞き手に対する態度を表す語尾：
-네、-지、-(으)ㅂ시다、-자 ··· 88

発展 2 話し言葉と書き言葉
話し言葉と書き言葉で使い分けるべき語尾や語彙 ························ 90

▍韓国語を使ってみよう❺「ある日の出来事を話してみよう」 ················ 92

会話・読解の単語 ·· 93

― 音声サイトURL ―
http://text.asahipress.com/free/korean/tsukakan/index.html

Unit

1

第1課

합니다体と해요体

この課で学ぶこと
- 名詞の합니다体と해요体
- 動詞・形容詞の합니다体と해요体

1. 名詞の場合

【名詞】です。/【名詞】ですか。			
합니다体		해요体	
パッチム無	パッチム有	パッチム無	パッチム有
名詞 + 입니다. 입니까?		名詞 + 예요. 예요?	名詞 + 이에요. 이에요?

(例) 친구입니다. / 친구입니까?
　　 학생입니다. / 학생입니까?
　　 친구예요. / 친구예요?
　　 학생이에요. / 학생이에요?

〈練習1〉次の単語を使って文をつくりましょう。합니다体と해요体で書くこと。
① 저/다나카 미나 （私は田中ミナです）
　 _____

② 오늘/토요일 （今日は土曜日ですか）
　 _____

2. 形容詞・動詞の場合

【形容詞】です、〜ます。/【形容詞】ですか、〜ますか。	
합니다体	
パッチム無	パッチム有
語幹 + ㅂ니다. ㅂ니까?	語幹 + 습니다. 습니까? ------------------- *ㄹ語幹(ㄹ脱落 + ㅂ니다)

(例) 보다 : 보 + ㅂ니다.　　→ 봅니다.
　　　　　보 + ㅂ니까?　　→ 봅니까?
　　먹다 : 먹 + 습니다.　　→ 먹습니다.
　　　　　먹 + 습니까?　　→ 먹습니까?
　*놀다 : 놀(ㄹ脱落) + ㅂ니다. → 놉니다.
　　　　　놀(ㄹ脱落) + ㅂ니까? → 놉니까?

【形容詞】です、〜ます。/【形容詞】ですか、〜ますか。
해요체
語幹 + 아/어 + 요.　　　　　語幹 + 아/어 + 요?

→語幹の種類や語幹末の母音によって接続の仕方が少しずつ異なる。

〈1〉 語幹にパッチムが有る場合

語幹の母音が
① 陽母音：ㅏ, ㅗ　　→　語幹 + **아요**
② 陰母音：ㅏ, ㅗ 以外　→　語幹 + **어요**

(例) 좋다(良い)　: 좋 + **아요** → 좋아요. / 좋아요?
　　먹다(食べる) : 먹 + **어요** → 먹어요. / 먹어요?

〈練習2〉 해요체와 합니다체를 発音しながら書いてみましょう。

	한국어	일본어	＜해요체＞	＜합니다체＞
①	좋다	良い		
②	읽다	読む		
③	길다	長い		

〈2〉 語幹にパッチムが無い場合

(1) 母音が脱落する場合　：　아/어が脱落

① ㅏ + **아요** → ㅏ요 : 가다 → 가 + **아요** → 가요
　　　　　　　　　　　(行く)　　　(脱落)
② ㅓ + **어요** → ㅓ요 : 서다 → 서 + **어요** → 서요
　　　　　　　　　　　(立つ、停まる)　(脱落)
③ ㅔ + **어요** → ㅔ요 : 세다 → 세 + **어요** → 세요
　　　　　　　　　　　(数える、強い)　(脱落)
④ ㅐ + **어요** → ㅐ요 : 보내다 → 보내 + **어요** → 보내요
　　　　　　　　　　　(送る)　　　(脱落)
⑤ ㅕ + **어요** → ㅕ요 : 펴다 → 펴 + **어요** → 펴요
　　　　　　　　　　　(広げる)　　(脱落)

〈練習3〉해요체와 합니다체를 발음하면서 써 봅시다。

	한국어	일본어	＜해요체＞	＜합니다체＞
①	자다	寝る		
②	서다	立つ、停まる		
③	세다	数える、強い		
④	보내다	送る		
⑤	켜다	(電気を)つける		

(2) 母音が縮約する場合：語幹の母音と아/어が合体 ㅗ,ㅜ,ㅣ,ㅚ → ㅘ,ㅝ,ㅕ,ㅙ

① ㅗ + 아요 → ㅘ요 ： 보다 → 보+아요 → 봐요
(見る)

② ㅜ + 어요 → ㅝ요 ： 주다 → 주+어요 → 줘요
(あげる)

③ ㅣ + 어요 → ㅕ요 ： 마시다 → 마시+어요 → 마셔요
(飲む)

④ ㅚ + 어요 → ㅙ요 ： 되다 → 되+어요 → 돼요
(～になる)

〈練習4〉해요체와 합니다체를 발음하면서 써 봅시다。

	한국어	일본어	＜해요체＞	＜합니다체＞
①	오다	来る		
②	배우다	学ぶ、習う		
③	기다리다	待つ		
④	되다	(～に) なる		

(3) 脱落も縮約も起こらない場合

① ㅟ + 어요 ： 쉬다 → 쉬 + 어요 → 쉬어요
(休む)

② ㅢ + 어요 ： 희다 → 희 + 어요 → 희어요
(白い)

(4) -하다用言の場合

-하다 → (-하 + 여요) → -해요 ： 공부하다 → 공부해요
(勉強する)

〈練習5〉해요체와 합니다체를 발음하면서 써 봅시다。

	한국어	일본어	＜해요체＞	＜합니다체＞
①	쉬다	休む		
②	좋아하다	好きだ		

第1課　합니다体と해요体

会話 次の会話を発音しましょう。意味も確認しましょう。

1
유미 : 서울에 여행을 가요. 어디가 좋아요?
수진 : 글쎄요…, 한글박물관 알아요? 거기가 재미있어요.

2
민호 : 쉬는 날에는 뭐 해요?
쇼다 : 보통 영화를 봐요. 책도 읽어요.

作文 韓国語で訳してみましょう。文末は합니다体と해요体両方で書くこと。

1. 私は大学生です。

2. これはキムチです。

3. 毎朝コーヒーを1杯飲みます。

4. ときどき（가끔）韓国映画を見ます。

5. 渋谷でプレゼントを買います。

この課でやったことcheck！
☐ 名詞の합니다体と해요体を作ることができる。
☐ 動詞・形容詞の합니다体と해요体を作ることができる。

第2課

過去形

この課で学ぶこと
・名詞文の過去形の합니다体と해요体
・動詞・形容詞の過去形の합니다体と해요体

1. 名詞の場合

【名詞】でした。/【名詞】でしたか。			
합니다体		해요体	
パッチム無	パッチム有	パッチム無	パッチム有
名詞＋였습니다. 였습니까?	名詞＋이었습니다. 이었습니까?	名詞＋였어요. 였어요?	名詞＋이었어요. 이었어요?

(例) 학생이었습니다. / 학생이었습니까?
　　 친구였습니다. / 친구였습니까?
　　 학생이었어요. / 학생이었어요?
　　 친구였어요. / 친구였어요?

〈練習1〉次の単語を使って文をつくりましょう。해요体で書くこと。
① 그 사람/ 연예인（その人が芸能人でしたか）
　_____
② 제 자리/ 여기（私の席はここでした）
　_____

2. 形容詞・動詞の場合

～かったです、～ました。/～かったですか、～ましたか。	
합니다体	해요体
語幹＋았/었＋습니다. 았/었＋습니까?	語幹＋았/었＋어요. 았/었＋어요?

✎ 過去形の「-았/었」は、第1課の해요体の「-아/어」にパッチム「ㅆ」をつけたもの。

第 2 課　過去形

〈練習2〉過去形の해요体と합니다体を発音しながら書いてみましょう。

	한국어	일본어	합니다体	해요体
①	좋다	良い		
②	읽다	読む		
③	길다	長い		

〈練習3〉過去形の해요体と합니다体を発音しながら書いてみましょう。

	한국어	일본어	합니다体	해요体
①	자다	寝る		
②	서다	立つ、停まる		
③	세다	数える、強い		
④	보내다	送る		
⑤	켜다	（電気を）つける		

〈練習4〉過去形の해요体と합니다体を発音しながら書いてみましょう。

	한국어	일본어	합니다体	해요体
①	오다	来る		
②	배우다	学ぶ、習う		
③	기다리다	待つ		
④	되다	（〜に）なる		

〈練習5〉過去形の해요体と합니다体を発音しながら書いてみましょう。

	한국어	일본어	합니다体	해요体
①	쉬다	休む		
②	좋아하다	好きだ		

会話 次の会話を発音してみましょう。意味も確認しましょう。

1

유미 : 지난주에 고등학교 때 친구들을 만났어요.
수진 : 어땠어요? 제 친구들은 많이들 변했어요.

2

민호 : 어제 오디션 프로그램 봤어요?
쇼다 : 네, 모두들 너무 열정적이어서 감동받았어요.

作文 韓国語で訳してみましょう。文末は합니다体と해요体両方で書くこと。

1．1時間前にコーヒーを1杯飲みました。

2．以前はここに何がありましたか。

3．友達と一日中家でゲームをしました。

4．私はあの時20歳でした。

5．それはインターネットで買いました。

この課でやったことcheck！
☐ 名詞の過去形の합니다体と해요体を作ることができる。
☐ 動詞・形容詞の過去形の합니다体と해요体を作ることができる。

韓国語を使ってみよう❶

インタビュー＆友達を紹介しよう

クラスメートとペアになり、相手に韓国語でインタビューしましょう。相手のことがよくわかったら、それをまとめて他のクラスメートに紹介しましょう。

〈例〉민호さんから쇼타さんに対するインタビューの例

> 민호：쇼타 씨는 전공이 뭐예요?
> 쇼타：국제관계학이에요.
> 민호：쇼타 씨는 왜 한국어를 공부하기 시작했어요?
> 쇼타：한국 영화를 좋아해서 한국어를 공부하기로 했어요.
> 민호：자주 먹는 음식이 뭐예요?
> 쇼타：초밥을 자주 먹어요. 김밥도 좋아해요.
> 민호：주말에는 보통 뭘 해요?
> 쇼타：집에 있을 때는 유튜브를 보거나 음악을 들어요. 친구하고 놀러 갈 때도 있어요.

〈例〉민호가 쇼타를 紹介する文例

> 쇼타 씨는 우리 학교에서 국제관계학을 전공하고 있습니다.
> 쇼타 씨는 한국 영화를 좋아해서 한국어를 공부하기 시작했어요.
> 자주 먹는 음식은 초밥과 김밥이에요.
> 주말에는 집에서 지내거나 친구하고 놉니다.

第3課

いろいろな助詞

> **この課で学ぶこと**
> ・助詞「は」「が」「を」「に」「で」「から」「まで」「と」「も」「より」に対応する韓国語の助詞（初級レベルで学習する基本的な助詞）

1. 基本的な助詞（1）

日本語		韓国語		例 カッコに助詞を書き入れて使い方を確認しましょう。
		パッチム無	パッチム有	
は		-는	-은	아버지（　　　） 회사원입니다. 父は会社員です。
				선생님（　　　） 한국 사람입니다. 先生は韓国人です。
が		-가	-이	날씨（　　　） 좋습니다. 天気がいいです。
				저는 남동생（　　　） 있습니다. 私は弟がいます。
を		-를	-을	비빔밥（　　　） 먹습니다. ビビンバを食べます。
				커피（　　　） 마십니다. コーヒーを飲みます。
に	場所 時間	-에		학교（　　　） 가요. 学校に行きます。
	人 動物	-에게/한테（話し言葉）		친구（　　　） 메일을 보냅니다. 友達にメールを送ります。

＊「～が好きだ」は韓国語では-을/를 좋아하다となる。

＊「会う」などいくつかの決まった動詞の文で、日本語の「～に」に対し、-을/를が使われる場合がある。

（例）친구를 만나요.　友達に会います。
　　　전철을 타요.　電車に乗ります。

第3課　いろいろな助詞

〈練習1〉次の単語を使って文を作りましょう。해요体で書くこと。
① 친구/선물/주다（友達にプレゼントをあげました）

_____

② 버스/타다（バスに乗りますか）

_____

③ 어떤 음식/좋아하다（どんな食べ物が好きですか）

_____

2. 基本的な助詞（2）

日本語		韓国語		例　カッコに助詞を書き入れて使い方を確認しましょう。
		パッチム無	パッチム有	
で	場所	-에서		도서관（　　）숙제를 합니다. 図書館で宿題をします。
	道具 手段	-로（ㄹで終わる語も）	-으로	한국어（　　）말해요. 韓国語で話します。 전철（　　）가요. 電車で行きます。 볼펜（　　）써요. ボールペンで書きます。
から	場所	-에서		저는 오사카（　　）왔습니다. 私は大阪から来ました。
	時間 順序	-부터		내일（　　）여름방학입니다. 明日から夏休みです。
まで		-까지		학교（　　）10분 걸려요. 学校まで10分かかります。
と	話し言葉 書き言葉	-와	-과	커피（　　）홍차를 좋아합니다. コーヒーと紅茶が好きです。 산（　　）바다에 갑니다. 山と海に行きます。
	話し言葉	-하고		친구（　　）놉니다. 友達と遊びます。
	話し言葉	-랑	-이랑	친구（　　）놀아요. 友達と遊びます。
も		-도		저（　　）한국어를 공부합니다. 私も韓国語を勉強します。
より		-보다		저는 어머니（　　）키가 커요. 私は母より背が高いです。

☞助詞を書くときには前の単語につけて書き、その後はスペースを空ける。

〈練習2〉次の単語を使って文を作りましょう。해요体で書くこと。

① 서울/부산/몇 시간쯤/걸리다（ソウルからプサンまで何時間くらいかかりますか）
　　_____

② 커피/주세요/주스/하나/주세요（コーヒー下さい。ジュースも１つください）
　　_____

③ 영어/회화 연습/하다（英語で会話の練習をしました）
　　_____

④ 전철/택시/비싸다（電車よりタクシーが高いです）
　　_____

경복궁 광화문
(景福宮・光化門：朝鮮王朝の王宮)

광화문광장 세종대왕상
(光化門広場・世宗大王像)

第3課　いろいろな助詞

会話 次の会話を発音してみましょう。意味も確認しましょう。

1

유미 : 어떤 일본 음식을 좋아해요?

수진 : 초밥과 우동을 좋아해요. 요즘은 한국에서도 맛있는 일본 식당이 많아요. 유미 씨는 어떤 한국 음식을 좋아해요?

유미 : 저는 떡볶이하고 김밥을 좋아해요.

수진 : 그래요? 그럼 우리 다음에 같이 먹으러 가요.

2

쇼타 : 서울에서 김포공항까지 어떻게 가요?

민호 : 공항철도로 가면 돼요. 지하철 5호선으로 가는 것보다 빨리 갈 수 있어요.

作文 韓国語で訳してみましょう。文末は해요体で書くこと。

1．韓国のドラマと歌が好きです。
　_____

2．週に1度、母に電話します。
　_____

3．弟は毎日自転車（자전거）で学校に行きます。
　_____

4．家から学校まで遠いですか。
　_____

5．昨日デパート（백화점）で友達に会いました。
　_____

この課でやったことcheck！
□助詞 -은/는、-이/가、-을/를、-에、-에게の意味と使い方を復習できた。
□-을/를 만나다などのように日本語と助詞の使い方が違う部分について理解できた。
□助詞 -에서、-부터、-까지、-도、-로/으로、-보다の意味と使い方を確認できた。

第4課

不規則活用①

> **この課で学ぶこと**
>
> ・ㄹ(리을)不規則、ㅂ(비읍)不規則、ㅅ(시옷)不規則、ㄷ(디귿)不規則の活用

1. ㄹ(리을)不規則

語幹がパッチム「ㄹ」で終わるもので、語幹の次に子音「ㅅ、ㅂ、ㄴ、ㄹ(パッチム)」が来ると、語幹のパッチムの「ㄹ」が脱落する。ㄹ(리을)不規則は、語幹にパッチムがないもの(母音語幹)と同じ語尾がつくため、「으」で始まる形は「으」が脱落する。

> ① 합니다体は、語幹のパッチム「ㄹ」が脱落して「-ㅂ니다」がつく。
>   (例) 살 다 : 살 + ㅂ니다 → 삽니다
>   (住む) (脱落)
>
> ② 「-(으)면」は、語幹に「-면」がつく。
>   (例) 살 다 : 살 + 면 → 살면
>
> ③ 「-(으)세요」は、語幹のパッチム「ㄹ」が脱落して「-세요」がつく。
>   (例) 살 다 : 살 + 세요 → 사세요
>   (脱落)
>
> ④ 「-(으)ㄹ까요?」は、語幹のパッチム「ㄹ」が脱落して「-ㄹ까요?」がつく。
>   (例) 살 다 : 살 + ㄹ까요? → 살까요?
>   (脱落)

〈練習1〉 ㄹ(리을) 不規則活用の練習をしてみましょう。

	한국어	일본어	現在形		(으)면	(으)세요	(으)ㄹ까요?
			합니다体	해요体			
①	길다	長い					
②	팔다	売る					
③	알다	知る					

2. ㅂ(비읍)不規則

語幹がパッチム「ㅂ」で終わるもので、語幹の次に母音「아/어」や「으」で始まる形が来ると語幹のパッチム「ㅂ」が「우」に変わる。

① 해요体は、語幹のパッチム「ㅂ」が「우」に変わり、その次に「-어요」がついて結果「-워요」になる。
　(例)　가깝다：가깝 ＋ 어요 → 가까우 ＋ 어요 → 가까워요
　　　　(近い)
　　　　춥다　：춥 ＋ 어요 → 추우 ＋ 어요 → 추워요
　　　　(寒い)

☞ ただし、「돕다(助ける)、곱다(きれいだ)」だけは「워요」ではなく「와요」になるので注意。
　　　　돕다 → 도와요　／　곱다 → 고와요

② 「-으세요」や「-으면」など「으」が続くと、パッチム「ㅂ」が「우」に変わるが、「으」は脱落する。
　(例)　춥다　：춥 ＋ 으세요 → 추우 ＋ 으세요 → 추우세요
　　　　　　　　　　　　　　　　　　　　　(脱落)

☞ ㅂ(비읍)不規則活用するもの
　무겁다(重い)、가볍다(軽い)、춥다(寒い)、덥다(暑い)、뜨겁다(熱い)、두껍다(厚い)、어둡다(暗い)、가깝다(近い)、맵다(辛い)、고맙다(ありがたい)、아름답다(美しい)、어렵다(難しい)、쉽다(易しい)、귀엽다(可愛いらしい)、더럽다(汚い)、곱다(きれいだ)、돕다(助ける)、눕다(横になる)、줍다(拾う)、굽다(焼く)　など。

☞ ただし、「입다(着る)、잡다(つかむ)、접다(折る)、좁다(狭い)、뽑다(抜く)、씹다(噛む)、굽다(曲がる)」は規則活用するので注意。
(例)　입다：입습니다 - 입어요 - 입으면 - 입으세요 - 입을까요?

〈練習2〉ㅂ(비읍)不規則活用の練習をしてみましょう。

	한국어	일본어	現在形		(으)면	(으)세요	(으)ㄹ까요?
			합니다体	해요体			
①	쉽다	易しい					
②	돕다	助ける					
③	좁다	狭い					

3. ㅅ(시옷)不規則

語幹がパッチム「ㅅ」で終わるもので、語幹の次に母音「아/어」や「으」で始まる形が来ると語幹のパッチム「ㅅ」が脱落する。

> ① 해요体は、語幹の次に「아/어」が来ると語幹のパッチム「ㅅ」が脱落する。
>   (例) 낫다：낫 + 아요 → 나 + 아요　⇒　나아요
>   (治る)　(脱落)
> ② 「-으세요」や「-으면」など「으」が続くと、パッチム「ㅅ」が脱落する。
>   (例) 낫다：낫 + 으세요 → 나 + 으세요　⇒　나으세요
>   (脱落)

☞ ㅅ(시옷)不規則活用するもの
　잇다(つなぐ)、긋다((線を) ひく)、짓다(建てる)、젓다(かき混ぜる) など。

☞ ただし、「웃다(笑う)、벗다(脱ぐ)、씻다(洗う)、빼앗다(奪う)」などは規則活用するので注意。
　(例) 웃다：웃습니다 - 웃어요 - 웃으면 - 웃으세요 - 웃을까요?

〈練習3〉ㅅ(시옷)不規則活用の練習をしてみましょう。

	한국어	일본어	現在形		(으)면	(으)세요	(으)ㄹ까요?
			합니다体	해요体			
①	붓다	腫れる					
②	웃다	笑う					

4．ㄷ(디귿)不規則

語幹がパッチム「ㄷ」で終わるもので、語幹の次に「아/어」や「으」で始まる形が来ると語幹のパッチム「ㄷ」が「ㄹ」に変わる。

> ① 해요体は、語幹の次に「아/어」が来ると、語幹のパッチム「ㄷ」が「ㄹ」に変わる。
>   (例) 걷다：걷 + 어요 → 걸 + 어요　⇒　걸어요
>   (歩く)
> ② 「-으세요」や「-으면」などの「으」が続くと、パッチム「ㄷ」が「ㄹ」に変わる。
>   (例) 걷다：걷 + 으세요 → 걸 + 으세요　⇒　걸으세요

☞ ㄷ(디귿)不規則活用するもの
　듣다(聞く)、싣다(のせる)、묻다(尋ねる)、알아듣다(聞き取る)、깨닫다(気づく) など。

☞ ただし、「받다(もらう)、닫다(閉める)、믿다(信じる)、얻다(得る)、쏟다(こぼす)、묻다(埋める)、굳다(固まる)」などは規則活用するので注意。
　(例) 받다：받습니다 - 받아요 - 받으면 - 받으세요 - 받을까요?

〈練習4〉ㄷ(디귿)不規則活用の練習をしてみましょう。

	한국어	일본어	現在形		(으)면	(으)세요	(으)ㄹ까요?
			합니다体	해요体			
①	듣다	聞く					
②	닫다	閉める					

第４課　不規則活用①

会話　次の会話を発音してみましょう。意味も確認しましょう。

1

유미 : 요즘 무슨 음악 들어요?

수진 : 아이돌 그룹요. 그런데 가사가 너무 어려워요.

2

민호 : 얼굴이 왜 이렇게 부었어요?

쇼타 : 어제 라면을 먹고 잤더니 이렇게 퉁퉁 부었네요.

作文　韓国語で訳してみましょう。文末は해요体で書くこと。

1．風邪はすっかり（다）治りました。

2．この方ご存知ですか。

3．お寒いですか。窓を閉めましょうか。

4．家に帰るとすぐに手を洗います。

5．健康のために毎日30分以上歩きます。

この課でやったことcheck！
- □ ㄹ(리을)不規則活用を説明できる。
- □ ㅂ(비읍)不規則活用と規則活用を説明できる。
- □ ㅅ(시옷)不規則活用と規則活用を説明できる。
- □ ㄷ(디귿)不規則活用と規則活用を説明できる。

第5課

不規則活用②

> **この課で学ぶこと**
> ・ㅎ(히읗)不規則、으不規則、ㄹ不規則、러不規則、우不規則の活用

1. ㅎ(히읗)不規則

語幹がパッチム「ㅎ」で終わるもので、語幹の次に「아/어」で始まる形が来ると、語幹のパッチム「ㅎ」が脱落し、語幹の母音と「아/어」が合わさって「ㅐ」に変わる。また、語幹の次に「으」が来ると、語幹のパッチム「ㅎ」が脱落して「으」も脱落する。

> ① 해요体は、語幹の次に「아/어」が来ると、語幹のパッチム「ㅎ」は脱落し、語幹の母音と「아/어」が「ㅐ」に変わる。
> (例) 어떻다 : 어떻 + 어요 → 어떻+어요 ⇒ 어때요
> (どうだ)   (脱落)
>
> 노랗다 : 노랗 + 아요 → 노랗+아요 ⇒ 노래요
> (黄色い)   (脱落)

☞ ただし、「하얗다 (白い)」は、「ㅐ」になるのではなく「ㅒ」になるので注意する。
　　하얗다 : 하얗 +아요 → 하얗+아요 ⇒ 하얘요
　　　　　　　　　　　　　(脱落)

> ② 「-으세요」や「-으면」などの「으」が続くと、語幹のパッチム「ㅎ」は脱落し、「으」も脱落する。
> (例) 어떻다 : 어떻 + 으세요 → 어떻 + 으세요 ⇒ 어떠세요
> 　　　　　　　　　　　　　　　　　(脱落) (脱落)

☞ ㅎ(히읗)不規則活用するもの
　이렇다(こうだ)、그렇다(そうだ)、저렇다(ああだ)、어떻다(どうだ)、커다랗다(大きい)、동그랗다(丸い)、빨갛다(赤い)、파랗다(青い)、노랗다(黄色い)、까맣다(黒い)、하얗다(白い) などの形容詞だけ。

☞ ただし、「놓다(置く)、낳다(産む)、넣다(入れる)、닿다(届く)」などの動詞と形容詞の「좋다(良い)」のみは規則活用するので注意。
　(例) 놓다 : 놓습니다 - 놓아요 - 놓으면 - 놓으세요 - 놓을까요?

第5課　不規則活用②

〈練習1〉ㅎ(히읗)不規則活用の練習をしてみましょう。

	한국어	일본어	現在形		(으)면	(으)세요	(으)ㄹ까요?
			합니다体	해요体			
①	빨갛다	赤い					
②	이렇다	こうだ					
③	넣다	入れる					

2. 으不規則

語幹が母音「ㅡ」で終わるもので、語幹の次に「아/어」で始まる形が来ると語幹の母音「ㅡ」が脱落する。

　　（例）　쓰다：쓰 + 어요 → 써요
　　　　　(書く)　(脱落)

☞ ただし、語幹が2文字以上の場合の「아/어」の選択は、語幹の母音「ㅡ」の前の母音で決まる。

　　（例）　아프다：아 프　　+ 아요 → 아파요
　　　　　(痛い)　　 (脱落)

　　　　　기쁘다：기 쁘　　+ 어요 → 기뻐요
　　　　　(うれしい)　(脱落)

〈練習2〉으不規則活用の練習をしてみましょう。

	한국어	일본어	現在形		(으)면	(으)세요	(으)ㄹ까요?
			합니다体	해요体			
①	예쁘다	可愛い					
②	아프다	痛い					
③	끄다	消す					

3. 르不規則

語幹が「르」で終わるもので、語幹の次に「아/어」で始まる形が来ると、語幹の「르」が二つの「ㄹㄹ」に変わって前の「ㄹ」は「르」の前のパッチムに、後ろの「ㄹ」は「아/어」の初声に付いて「라/러」となる。「아/어」の選択は、語幹の「르」の前の母音で決まる。

　　（例）　모르다：모르 + 아요 → 모 ㄹ①ㄹ② + 아요
　　　　　(知らない)　　　　　　 → 몰① + ②라요 ⇒ 몰라요

　　　　　부르다：부르 + 어요 → 부 ㄹ①ㄹ② + 어요
　　　　　(呼ぶ)　　　　　　　　→ 불① + ②러요 ⇒ 불러요

☞ 르不規則活用するもの

다르다(異なる)、빠르다(速い)、바르다(塗る)、누르다(押す)、흐르다(流れる)、서두르다(急ぐ)、고르다(選ぶ)、자르다(切る)、기르다(飼う)、이르다(告げ口する、早い) など。

☞ ただし、「따르다(従う、注ぐ)、치르다(支払う)、들르다(寄る)」は으不規則活用になるので注意。

(例) 따르다 : 따릅니다 – 따라요 – 따르면 – 따르세요 – 따를까요?

〈練習3〉 르不規則活用の練習をしてみましょう。

	한국어	일본어	現在形		(으)면	(으)세요	(으)ㄹ까요?
			합니다体	해요体			
①	빠르다	速い					
②	부르다	呼ぶ					
③	들르다	寄る					

4. 러不規則

語幹が「르」で終わるもので、次に「아/어」で始まる形が来ると、「아/어」は「러」になる。「이르다(至る、着く)」と「푸르다(青い)」など数は少ない。

(例) 이르다 : 이르 + 어요 → 이르 + 러요 ⇒ 이르러요
　　　푸르다 : 푸르 + 어요 → 푸르 + 러요 ⇒ 푸르러요

5. 우不規則

「푸다(汲む、よそう)」は次に「아/어」で始まる形が来ると、「푸어」ではなく語幹の母音「ㅜ」が脱落して「퍼」になる。우不規則は「푸다」のみ。

(例) 푸다 : 푸 + 어요 → 퍼요
　　　　　　(脱落)

(例) 이 글은 인터넷에서 퍼 왔어요. この文章はネットからとってきたものです。

第5課　不規則活用②

会話 次の会話を発音してみましょう。意味も確認しましょう。

1

유미 : 눈이 왜 이렇게 빨개요? 울었어요?

수진 : 영화가 너무 슬펐어요.

2

민호 : 노래방에서 보통 어떤 노래를 불러요?

쇼타 : 요즘 케이팝이 너무 좋아요.

作文 韓国語で訳してみましょう。文末は해요体で書くこと。

1．昨日のコンサートはどうでしたか。

2．「なぜ来なかったんですか。」「仕事がちょっと忙しかったんです。」

3．夏にだけ日焼け止めを塗ります。

4．茶碗（밥그릇）にご飯をよそいました。

5．誰が社長に告げ口したんでしょうか。

この課でやったことcheck！

☐ ㅎ(히읗)不規則活用のものと規則活用するものの区別ができる。
☐ 으不規則を説明できる。
☐ ㄹ不規則、러不規則、으不規則の活用と区別ができる。

第6課 敬語とぞんざい表現

> **この課で学ぶこと**
> ・用言の尊敬形（합니다体・해요体）
> ・特殊な尊敬形・謙譲形（動詞・存在詞）、尊敬の意味を持つ名詞・助詞
> ・ぞんざい表現（해体・한다体）

1. 動詞・形容詞の尊敬形

韓国語は日本語と同じように敬語が発達している。基本的には日本語と同じように目上の人やあまり親しくない人に対して使用するが、家族や身内に対しても敬語を使う。その点が日本語と大きく異なる。

	尊敬の基本形		～なさいます/～なさいますか			
			합니다体		해요体	
パッチム	無	有	無	有	無	有
語幹に続く形	-시다	-으시다	-십니다 -십니까?	-으십니다 -으십니까?	-세요 -세요?	-으세요 -으세요?

가다（行く）: 가시다 – 가십니다 – 가십니까?
　　　　　　 가세요 – 가세요?
입다（着る）: 입으시다 – 입으십니다 – 입으십니까?
　　　　　　 입으세요 – 입으세요?

〈練習1〉次の単語の意味を書き、尊敬形にしてみましょう。

	動詞	意味	尊敬の基本形	尊敬形합니다体	尊敬形해요体
①	가다				
②	읽다				
③	알다				
④	듣다				

2. 特殊な尊敬形・謙譲形

日本語の「食べる」と「召し上がる」のように、韓国語の動詞、있다・없다、名詞、助詞には通常の形と尊敬形で異なる語を使う特殊なものがある。以下に例を挙げる。

例）점심 드셨어요?　　　　　　　お昼ご飯召し上がりましたか。
　　저희는 부모님을 모시고 살아요. 私どもは両親と同居しております。

선생님께서 말씀하셨습니다. 　先生がお話しされました。
할머니, 진지 잡수셨어요? 　おばあさん、お食事召し上がりましたか。

☞「特殊な尊敬・謙譲形対照表」を参照のこと（26ページ）

〈練習2〉次の単語を使って文を作りましょう。下線部の単語は尊敬形に直してから使い、助詞も必要に応じて尊敬形にすること。

1．모르는 문제/선생님/<u>묻다</u>（わからない問題を先生に伺いました）
　_____

2．어머니/선물/<u>주다</u>（母にプレゼントをあげました。〈差し上げました〉）
　_____

3．할아버지/집/<u>있다</u>（おじいさんは家にいらっしゃいますか）
　_____

4．선생님/수업 중/<u>말하다</u>/것/노트/적다
　（先生が授業中にお話しされることをノートにメモしました）
　_____
　_____

3．ぞんざい表現（해体、한다体）

　尊敬語に対して、親しい友達や目下の人に対して使うぞんざい表現がある（いわゆるタメ口に相当）。ここでは해体と한다体を学習する。한다体は小説や新聞などの文章にも使われる（日本語の「だ・である体」に相当）。

●해体

해体「～だ、～だよ、～よ、～なの、～して、～しよう」など			
品詞		パッチム無	パッチム有
動詞		語幹+아/어（해요体から요を取った形） 疑問形は「？」をつける	
있다・없다			
形容詞			
名詞	現在形 　肯定	【名詞】+야	【名詞】+이야
	否定	【名詞】+가 아니야	【名詞】+이 아니야
	過去形 　肯定	【名詞】였어	【名詞】이었어
	否定	【名詞】가 아니었어	【名詞】이 아니었어

✏️해体は해요体と同じように会話でよく使われる形である。ごく親しい友人や目下に対しての会話で多く使われる。

나 오늘 도서관에 가. 　　　私今日図書館に行くよ。
같이 가 　　　　　　　　　一緒に行こう。
난 철수야. 　　　　　　　　僕はチョルスだ。
너 학생이야? 　　　　　　　君学生?
밥 먹었어? 　　　　　　　　ご飯食べた?

● 한다体

한다体「〜だ、〜である、〜(す)る」など			
品詞		パッチム無	パッチム有
動詞	現在形	語幹+ㄴ다	語幹+는다
있다・없다		語幹+다	
形容詞			
名詞		【名詞】+(이)다	
動詞	過去形	語幹+았/었+다	
있다・없다			
形容詞			
名詞		【名詞】였다	【名詞】이었다

動詞の例

　민호는 매일 학교에 간다. 　　　　　ミンホは毎日学校に行く。
　매일 한 권씩 책을 읽는다. 　　　　毎日1冊ずつ本を読む。
　나는 시험 날까지 열심히 공부했다. 　私は試験の日まで一生懸命勉強した。

形容詞の例

　어제는 아주 추웠다. 　　昨日はとても寒かった。
　우리 오빠는 늘 바쁘다. 　うちの兄はいつも忙しい。

名詞の例

　나는 학생이다. 　　　　　　　　私は学生だ。
　어제는 아주 더운 날이었다. 　昨日はとても暑い日だった。

第6課　敬語とぞんざい表現

読解　次の文章を発音してみましょう。意味も確認しましょう。

6월 10일　토요일 맑음
　오늘은 토요일이다! 수진 씨와 공원에 갔다. 공원에는 사람이 많았다. 우리는 나무 아래에서 도시락을 먹었다. 수진 씨는 다른 약속이 있어서 먼저 갔다. 나는 공원 안에 있는 동물원에도 갔다. 나는 코끼리를 아주 좋아한다. 5시쯤 집에 갔다. 조금 피곤하다. 하지만 아주 즐거운 날이었다.

作文　韓国語に訳してみましょう。

1．おばあさんはお年を召していらっしゃいます。(年が多くていらっしゃいます)
　_____

2．お食事をお召し上がりください。
　_____

3．あなた（君）明日学校に行くの？
　_____

4．先生、今日お時間がおありですか。
　_____

5．週末は友達と遊ぶ。
　_____

この課でやったことcheck！
☐ 用言の尊敬形（합니다体・해요体）を作ることができる。
☐ 特殊な尊敬形・謙譲形や尊敬の意味を持つ名詞や助詞を覚えた。
☐ ぞんざい表現（한다体・해体）を作ることができる。

特殊な尊敬・謙譲形対照表

動詞や있다・없다は特殊な形を持っている。これらは基本的に尊敬の -(으)시をつけて尊敬形を作ることはできない。

尊敬・謙譲形		通常の形	
韓国語	日本語	韓国語	日本語
말씀하시다	お話しする	말하다	言う・話す
말씀드리다	申し上げる	말하다	言う・話す
잡수시다	召し上がる	먹다 / 마시다	食べる・飲む
드시다	召し上がる	먹다 / 마시다	食べる・飲む
드리다	差し上げる	주다	あげる、やる
주무시다	お休みになる	자다	寝る
돌아가시다	亡くなる	죽다	死ぬ
모시다	お連れする	데리고 가다 / 오다	連れる
여쭙다	伺う	묻다	尋ねる
편찮으시다	ご体調がお悪い	아프다	体調が悪い
계시다	いらっしゃる	있다	いる
*¹있으시다	おありになる	있다	ある
안 계시다	いらっしゃらない	없다	いない
*²없으시다	おありにならない	없다	ない

☞ 계시다、안 계시다は人について言う場合に使う。ものについては있다、없다の尊敬形*¹있으시다、*²없으시다を使うので気を付けること。

例) 선생님은 어디에 계세요?　　先生はどちらにいらっしゃいますか。
　　시계 있으세요?　　　　　　時計をお持ちですか。(おありですか)

名詞・助詞にも以下のように尊敬形を持つものがある。

尊敬形・謙譲形		通常の形	
韓国語	日本語	韓国語	日本語
진지	お食事	식사、밥	食事、ご飯
댁	お宅	집	家
말씀	お言葉・お話	이야기、말	話、言葉
성함	お名前	이름	名前
연세	お歳	나이	歳
저	私、わたくし	나	私、僕、俺
저희	私ども	우리	私たち
아버님	お父様	아버지、아빠	父、お父さん、パパ
어머님	お母様	어머니、엄마	母、お母さん、ママ
아드님	息子さん、ご子息	아들	息子
따님	娘さん、お嬢様	딸	娘
약주	お酒	술	酒
-께서	～が	-이/가	～が
-께서는	～は	-은/는	～は
-께	(人)～に	-에게	(人)～に

☞ 성함(お名前)や 연세(年齢)を尋ねる場合は、以下のように決まった言い方を使う。

 例) 성함이 어떻게 되세요?   お名前は何とおっしゃいますか。
   연세가 어떻게 되세요?   何歳でいらっしゃいますか。

☞ 助詞については目上の人に話す際に必ず使わなければならないものではないが、使うことでより丁寧になる。

第7課

連体形

> **この課で学ぶこと**
> ・動詞・있다・없다・形容詞・名詞の現在・過去・未来連体形
> ・不規則活用と連体形

1. 連体形の説明

連体形	過去		現在		未来	
	パッチム		パッチム		パッチム	
	無	有	無	有	無	有
動詞	語幹+ㄴ	語幹+은	語幹+는		語幹+ㄹ	語幹+을
있다・없다	語幹+았/었+던					
形容詞	語幹+던		語幹+ㄴ	語幹+은		
名詞	【名詞】였던	【名詞】이었던	【名詞】인		【名詞】일	

🖊 過去連体形の動詞の場合、「語幹+ㄴ/은、語幹+았/었+던、語幹+던」の3タイプを全部使うことができるが、以下のようなニュアンスの違いがある。
　　・一般的な過去のことは「語幹+ㄴ/은」
　　　지난주에 본 영화　　先週見た映画
　　・過去のことを思い出してその時の出来事について言う場合は「語幹+았/었+던」
　　　그 때 봤던 영화　　あの時見ていた映画
　　・過去に習慣的にあるいは繰り返し行われていた場合は「語幹+던」
　　　그 때 자주 보던 영화　あの時よく見ていた映画

🖊 以下のような名詞は常に未来連体形を用いるので注意する。
　未来連体形 + 계획(計画)、생각(考え)、예정(予定)、필요(必要)、가능성(可能性)、
　　　　　　때 (時：〜した時を表す場合に注意)

　　　　運転する時　　운전할 때
　　　　運転した時　　운전했을 때

🖊 「맛있다、맛없다、재미있다、재미없다、멋있다、멋없다」は、形容詞であるが、있다・없다の活用をするので注意する。
　　　　　맛있는 닭갈비　　おいしいタッカルビ
　　　　　재미없는 이야기　つまらない話

第7課　連体形

〈練習1〉品詞に注意して連体形の練習をしてみましょう。

	한국어	일본어	連体形		
			過去	現在	未来
①	좋다	良い			
②	찾다	探す			
③	맛있다	おいしい			
④	만나다	会う			
⑤	싸다	安い			
⑥	스무 살	20歳			
⑦	의사	医者			

〈練習2〉品詞や不規則活用に注意して連体形の練習をしてみましょう。

	한국어	일본어	連体形		
			過去	現在	未来
①	조용하다	静かだ			
②	예약하다	予約する			
③	넣다	入れる			
④	★파랗다	青い			
⑤	★낫다	治る			
⑥	웃다	笑う			
⑦	입다	着る			
⑧	★돕다	手伝う			
⑨	★덥다	暑い			
⑩	좁다	狭い			
⑪	★살다	住む、暮す			
⑫	★길다	長い			
⑬	★끄다	消す			
⑭	★예쁘다	可愛い			
⑮	받다	受け取る			
⑯	★듣다	聴く			
⑰	★부르다	呼ぶ、歌う			
⑱	★빠르다	速い			

★は不規則活用。

会話 次の会話を発音してみましょう。意味も確認しましょう。

1

유미 : 중 2 인 남동생이 요즘 사춘기예요.

수진 : 동생이 힘들어할 때 많이 도와 주세요.

2

민호 : 아울렛에서 산 옷이 좀 작아요.

쇼타 : 영수증이 있으면 바꿀 수 있잖아요.

作文 韓国語で訳してみましょう。

1．小さい時（幼かった時）の夢は何でしたか。

2．ソウル駅に行くバスに乗りたいです。

3．もう少し作る必要があります。

4．この建物は20年前に建てたものです。

5．昨日見た映画はとても悲しかったです。

この課でやったことcheck！
☐ 現在連体形を作ることができる。
☐ 過去連体形を作ることができる。
☐ 未来連体形を作ることができる。

韓国語を使ってみよう❷

連想ゲームで文を作ろう

　グループで以下の「お題」から連想する出来事などを文にしてみましょう。たくさんできたら、クラスで発表し合いましょう。なるべく楽しい例を作ってみましょう。

お題の例

〈夏〉

> 例)
> 여름에는 아이스크림을 많이 먹으니까 살이 쪄요.
> 夏はアイスクリームをたくさん食べるから太ります。

〈学校生活〉

> 例)
> 우리 학교는 과제가 아주 많아서 힘들어요.
> うちの学校は課題がとても多くて大変です。

〈クリスマス〉

> 例)
> 어렸을 때는 산타할아버지를 기다렸어요. 지금은 엄마에게 선물을 달라고 하는데 안 주세요.
> 幼いころはサンタクロースを待っていました。今は母にプレゼントをちょうだいと言うけどくれません。

第8課

否定関連表現

> **この課で学ぶこと**
> ・否定形
> ・可能・不可能
> ・禁止表現
> ・否定文と共に用いられる副詞

1. 안、-지 않다の否定

① 【動詞・形容詞語幹】+지 않다	:〜ない	(例) 가지 않습니다
② 안 +【動詞・形容詞】	:〜ない	(例) 안 갑니다

🖉 한다体の場合は-지 않다が以下のように、前に来るのが動詞の場合は動詞、形容詞の場合は形容詞と同じように活用される。(☞第6課参照)
　　(例) 가지 않는다：行かない（動詞）　　 않+는다
　　　　 바쁘지 않다：忙しくない（形容詞）　않다は基本形のまま
🖉 名詞+하다の動詞の場合、안은 하다の直前に来る。
　　(例) 공부 안 해요：勉強しません　　안 공부해요（×）

〈練習1〉次の単語を使って文を作りましょう。
① 숙제/다 하다/아직/다 하다（宿題が終わりましたか。―まだ終わっていません）
　_____

② 평일/운동하다（平日には運動しない）（안을 사용해）
　_____

2. 못、-지 못하다の否定〈不可能〉

① 【動詞語幹】 + 지 못하다：	〜できない	(例) 가지 못합니다
② 못 +【動詞】　　　　　：	〜できない	(例) 못 갑니다

🖉 못이 付く場合、後に続く動詞によっては発音が変わるので注意。
　　(例) 못 만나요［몬만나요］　　　　　　会えません
　　　　 못 읽어요［몬닐거요/모딜거요］　読めません
　　　　 못 와요［모돠요］　　　　　　　　来られません

第8課　否定関連表現

✏️　基本的には動詞について不可能を表すが、一部形容詞＋지 못하다で、そのような状態が不可能であることを表すこともある。
　　(例) 그 정치인은 깨끗하지 못해요.　　その政治家は清廉ではない。
　　　　　한국어 발음이 자연스럽지 못하다.　韓国語の発音が自然ではない。

3.　-(으)ㄹ 수 있다/없다　〈可能・不可能〉

| ① 【動詞語幹】　＋　ㄹ/을 수 있다　：～できる　　**例)** 갈 수 있어요 |
| ② 【動詞語幹】　＋　ㄹ/을 수 없다　：～できない　**例)** 갈 수 없어요 |

☞못や-지 못하다と-ㄹ/을 수 없다と置き換えられる場合も多い。単に不可能であるという事実を表す場合は-ㄹ/을 수 없다、状況や能力によって不可能だと話者が判断する場合は못、-지 못하다を使う。
　　(例) "내일 갈 수 있어요?" "숙제가 많아서 못 가요."
　　　　　「明日行けますか。」「宿題が多くて行くことができません。」

〈練習2〉
① 新聞は難しくて読めません。
　　_____

② 韓国の留学生活（유학 생활）が忘れられない。
　　_____

③ （案内文）この水は飲めません。
　　_____

4.　-지 말다の否定　〈禁止〉

| ① 【動詞語幹】　＋　지 마세요　：　～（し）ないでください |
| 　　　**(例)** 먹지 마세요 |
| ② 【動詞語幹】　＋　지 마라/마：　～（し）ないで |
| 　　　**(例)** 가지 마 |

✏️　-지 말다は「～するのをやめる」という意味で、主に「～しないで」という禁止の用法で使う。

〈練習3〉次の単語を使って文を作りましょう。
① 여기/음식/먹다（ここで食べ物を食べないで下さい）
　　_____

② 쓰레기/버리다（ごみを捨てないで下さい）
　　_____

5. 否定文と共に使われる副詞

① 별로（あまり）
　　이 옷은 비싼데 별로 좋지 않다.
　　この服は高いけどあまりよくない。

② 그리（そんなに）
　　외국어를 배우는 것은 그리 쉬운 일이 아니에요.
　　外国語を学ぶことはそんなに易しいことではない。

③ 아직（まだ）
　　한국어 잘하시네요. ―아뇨, 아직 멀었어요.
　　韓国語お上手ですね。―いいえ、まだまだです。

④ 전혀（まったく）
　　처음에 한국에 왔을 때 한국어를 전혀 못했어요.
　　初めて韓国に来た時は韓国語が全くできませんでした。

⑤ 통（〈一定の間〉まったく・全然）
　　그 사람한테 통 연락이 없어요.
　　その人から全く連絡がありません。

⑥ 여간（すごく：反語）
　　그 한국 가수는 여간 예쁘지 않다.
　　あの韓国の歌手はきれいなんてものじゃない。（すごくきれいだ）

☞「まだ～していない」と言う場合、動詞は過去形になる。
　例) 점심은 아직 안 먹었어요. 昼食をまだ食べていません。

〈練習4〉次の文の意味に合うように括弧にふさわしい副詞を入れ、意味も考えましょう。

① 매일 공부하는 것은 (　　　　) 쉬운 일이 아니다.
② 내일 리포트 마감인데 (　　　　) 안 끝났어요.
③ 이번 시험 문제는 (　　　　) 어렵지 않았다.

第8課　否定関連表現

会話 次の会話を発音してみましょう。意味も確認しましょう。

1

수진 : 시험 공부했어요?

유미 : 아뇨, 아직 안 했어요. 어떡하지요? 내일도 아르바이트가 있어서 별로 시간이 없어요.

수진 : 걱정하지 마세요. 그 과목 시험 문제는 전혀 어렵지 않아요.

2

민호 엄마 : 쇼타 씨, 한국어 발음을 참 잘하네.

쇼타　　 : 아뇨, 아직 멀었어요.

민호 엄마 : 한국어는 모음과 자음이 일본어보다 많아서 제대로 발음하는 게 여간 어렵지 않을 텐데…

쇼타　　 : 어렵지만 열심히 공부하고 있어요.

作文 韓国語に訳してみましょう。

1．授業中に寝ないでください。
　　_____

2．時間が足りず試験問題を最後まで解けませんでした。
　　_____

3．私は大丈夫ですから心配なさらないでください。
　　_____

4．昨日見た映画は全く面白くなかった。
　　_____

5．「最近どう？」「忙しいなんてもんじゃないよ（すごく忙しいよ）。」

この課でやったことcheck！
☐ 否定形 –지 않다、안〜、不可能 –지 못하다、못〜を作ることができる。
☐ 可能・不可能の–ㄹ/을 수 있다/없다を作ることができる。
☐ 禁止表現 –지 말다を作ることができる。
☐ 否定文と共に用いられる副詞を覚えた。

第9課 連体形の関連表現①

> **この課で学ぶこと**
> ・連体形を用いる表現
> ・連体形＋동안、것 같다、것이다、적이 있다/없다、후에/다음에、지

1. **現在連体形＋동안：～している間、～する間**
   【動詞と있다・없다語幹】＋는 동안
   　(例) 내가 없는 동안 동생들 잘 돌봐줘요.
   　　　　私がいない間、弟（妹）をちゃんと面倒見てください。

2. **現在連体形＋것 같다：～のようだ**
   【動詞と있다・없다語幹】＋는 것 같다
   　(例) 밤 늦게 돌아오는 것 같아요.　夜遅く帰ってくるようです。
   【形容詞語幹】＋ㄴ/은 것 같다
   　(例) 시장이 좀 더 싼 것 같아요.　市場（の方）がもう少し安いようです。
   【名詞】＋인 것 같다
   　(例) 아직 학생인 것 같아요.　まだ学生のようです。

3. **過去連体形＋것 같다：～だったようだ**
   【動詞語幹】＋ㄴ/은 것 같다
   　(例) 비가 그친 것 같아요.　雨が止んだようです。
   【있다・없다と形容詞語幹】＋았/었＋던 것 같다
   　(例) 아까까지 여기에 있었던 것 같아요.　さっきまでここにいたようです。
   【名詞】＋였/이었＋던 것 같다
   　(例) 저쪽이었던 것 같아요.　あっちだったようです。

4. **未来連体形＋것 같다：～と思う、～しそうだ**
   【用言語幹】＋ㄹ/을 것 같다
   　(例) 비가 올 것 같아요.　　　雨が降りそうです。
   　　　 여기가 더 비쌀 것 같아요.　こっち（の方）がもっと高そうです。
   【名詞】＋일 것 같다
   　(例) 저쪽일 것 같아요.　あそこだと思います。

第9課　連体形の関連表現①

〈練習1〉連体形の時制に注意して文を作ってみましょう。

① 미국에서 유학하다/ 동안/ 영어가 많이 늘다/ 것 같다
　_____

② 그 시간까지 안 남아 있다/ 것 같다
　_____

③ 지금 손님이 많아서 전화를 못 받다/ 것 같다
　_____

④ 언니보다 더 예뻤다/ 것 같다
　_____

⑤ 생각해 보니 저기였다/ 것 같다
　_____

5. 未来連体形＋것이다：～だろう
　【用言語幹】＋ㄹ/을 것이다
　　(例) 비가 올 것입니다.　　雨が降るでしょう。(降るはずです)
　　　　여기가 더 높을 거예요.　こっち(の方)がもっと高いでしょう。
　【名詞】＋일 것이다
　　(例) 저쪽일 거예요.　あちらだと思います。

　☞「連体形＋것이다」の합니다体と해요体は、会話では縮約形が使われることも多い。
　　합니다体：連体形＋것입니다 →連体形＋겁니다　갈 겁니다.
　　해요体　：連体形＋것이에요 →連体形＋거예요　갈 거예요.

6. 語幹＋았/었＋을 것이다：～っただろう
　【用言語幹】＋았/었＋을 것이다
　　(例) 지금보다 더 예뻤을 거예요.　今よりももっときれいだったでしょう。
　　　　벌써 다 끝났을 거예요.　　　すでに全部終わっているでしょう。
　【名詞】＋였/이었＋을 것이다
　　(例) 끝나는 시간은 4시였을 것입니다.　終わる時間は4時だったと思います。

7. 過去連体形＋적이 있다・없다：～したことがある/ない
　【動詞語幹】＋ㄴ/은 적이 있다・없다
　　(例) 향수를 선물로 받은 적이 있어요.　香水をプレゼントにもらったことがあります。

8. 過去連体形＋후에・다음에：～した後で
　【動詞語幹】＋ㄴ/은 후에・다음에
　　(例) 머리를 말린 후에 화장을 해요.　髪を乾かした後に化粧をします。

9. 過去連体形＋지：〜して以来、〜してから
【動詞語幹】＋ㄴ/은 지

(例) 이 동네에 이사온 지 벌써 10년이 지났어요.
この街に引っ越してきてからもう10年が過ぎました。

〈練習2〉連体形の時制に注意して文を作ってみましょう。

① 연습을 많이 하면 나아지다/ 거예요.
　_____

② 이 건물은 짓다/ 지/ 30년이 지났어요.
　_____

③ 생선을 굽다/ 후에 / 환기를 시켰어요.
　_____

④ 직접 만들다/ 적이 있어요?
　_____

⑤ 냉장고에 안 넣었더라면 썩었다/ 거예요.
　_____

지하철 2호선 이대역 홈
(地下鉄2号線梨大駅ホーム)

지하철 2호선 홍대입구역 출구
(地下鉄2号線弘大入口駅出口)

이화여자대학교 정문
(梨花女子大学正門)

第9課 連体形の関連表現①

会話 次の会話を発音してみましょう。意味も確認しましょう。

1
유미 : 등산을 시작한 지 얼마나 됐어요?
수진 : 한 2년 됐어요. 산에 가면 스트레스가 풀리는 것 같아요.

2
민호 : 쇼타 씨는 노래를 아주 잘 부를 것 같아요.
쇼타 : 초등학생 때는 합창단이었는데 지금은 잘 못 불러요.

作文 韓国語で訳してみましょう。文末は해요体で書くこと。

1．そのままにしておいたら（그냥 두다）大ごとになった（큰일나다）でしょう。

2．これらをよくかき混ぜた後に冷蔵庫に入れます。

3．私ならそんなことはしなかったでしょう。

4．その服の方がよく似合いそうです。

5．先輩は母のような存在でした。

この課でやったことcheck！
☐ 連体形を用いた以下の表現を作ることができる。
　連体形＋동안/것 같다/것이다/적이 있다・없다/후에・다음에/지

第10課 名詞化関連表現

> **この課で学ぶこと**
> ・名詞化語尾：-기
> ・-기を使った様々な表現
> ・名詞化語尾：-ㅁ/음
> ・-ㅁ/음を使った表現

1. 名詞化語尾：-기

【動詞・形容詞語幹】＋기　→　動詞・形容詞を名詞の形にする
① 用言を名詞化する
　（例）어학을 공부할 때는 <u>듣기</u>와 <u>말하기</u>가 중요하다．
　　　　語学を勉強するときは<u>リスニング</u>と<u>会話</u>が重要だ。
② 「～すること、～であること」（計画・決心・指針・約束など）
　（例）내일 수업 시간 때 친구에게 쓴 편지 준비해 <u>오기</u>．
　　　　明日の授業の際には友達に書いた手紙を準備して<u>くること</u>。

✎ 日本語では「～を～こと」のように助詞を用いるが、名詞化 –기にすると韓国語は助詞を省略する。

〈練習1〉次の単語を使って文を作りましょう。
① 3시/답장/보내다（3時までに返事を送ること）
　_____

② 한국어/일본어/비슷하다/발음하다/어렵다
　（韓国語は日本語と似ているけど発音することが難しいです）
　_____

2. -기を使った様々な表現（1）難易、動作の開始、前後関係

1　難易を表す表現「～しにくい」「～しやすい」など
① 【動詞語幹】＋기 어렵다　　：～しにくい、～するのが難しい
② 【動詞語幹】＋기 쉽다　　　：～しやすい、～しがちだ
③ 【動詞語幹】＋기 힘들다　　：～しにくい、～するのが辛い、～するのが難しい
④ 【動詞語幹】＋기 편하다　　：～しやすい、～するのが楽だ
　（例）한국어는 발음하기 어려워요．　韓국어는 発音しにくいです。
　　　　오해 받기 쉬운 사람　　　　　誤解されやすい人

第10課　名詞化関連表現

> ② 開始「〜しはじめる」
> 【動詞語幹】+기 시작하다 ：〜し始める
> (例) 언제부터 한국어를 공부하기 시작했어요?
> 　　　いつから韓国語を勉強し始めましたか？

> ③ 動作の前後関係「〜する前に」
> 【動詞語幹】+기 전에 ：〜する前に
> (例) 학교 가기 전에 은행에 들렀어요.　学校に行く前に銀行に寄りました。
> 　　　비빔밥은 먹기 전에 잘 비비세요.　ビビンバは食べる前によく混ぜてください。

〈練習2〉次の単語を使い、必要な語を補って文を作りましょう。

① 철수/늘/바쁘다/만나다（チョルスはいつも忙しく会うのが難しい）
　　_____

② 만들다/한국요리/가르치다（作りやすい韓国料理を教えて下さい）
　　_____

③ 다리/다치다/걷다（足を怪我して歩くのが辛い）
　　_____

④ 올해/중국어/공부하다（今年から中国語を勉強し始めました）
　　_____

⑤ 밥/먹다/반드시/손/깨끗이/씻다
　　（ご飯を食べる前に必ず手をきれいに洗ってください）
　　_____
　　_____

3. −기を使った様々な表現（2）目的、意図、理由

> ① 目的、意図「〜するために」
> 【動詞語幹】+기 위해(서) ：〜するため
> (例) 친구를 만나기 위해 학생 식당에 갔어요.
> 　　　友達に会うために学食に行きました。

> ② 理由「〜ので・ため」
> 【動詞・形容詞語幹】+기 때문에　：〜（する/である）ため
> (例) 어머니가 걱정하기 때문에 고향 집에 자주 전화를 해요.
> 　　　母が心配するので実家に頻繁に電話をします。
> 　　　눈이 내렸기 때문에 수업이 휴강이 되었다.
> 　　　雪が降ったので授業が休講になった。

☞ 日本語では同じ「～のため」という訳になるので、①の-기 위해と②の-기 때문에の用法の違いに気を付けること。

<練習3> 次の単語を使って、必要な語を補いながら文を作りましょう。
① 리포트/쓰다/도서관/자료/찾다 （レポートを書くために図書館で資料を探しました）
　_____

② 좋아하다/가수/만나다/하네다 공항/가다 （好きな歌手に会うために羽田空港に行った）
　_____

③ 졸리다/숙제/끝내다/자 버리다 （眠かったため宿題を終えずに寝てしまった）
　_____

4. 名詞化語尾：-ㅁ/음

① 用言を名詞化する「～すること、であること」
【用言語幹パッチム無】+ ㅁ　　기쁨：喜び、아픔：痛み
【用言語幹パッチム有】+ 음　　믿음：信じること、信仰
　　　　　　　　　　　　　웃음：笑い、笑み、삶：生きること、人生

② 通告、メモなどにおいて事実を表す終止形として使われる
　(例) 아무 변화도 없음　何の変化もなし
　　　1443년 세종대왕이 한글을 만들었음
　　　1443年世宗大王がハングルを作った

5. -ㅁ/음を使った表現：逆接表現

逆接表現「～にもかかわらず」
【用言語幹パッチム無】+ ㅁ에도 불구하고 ：～するにもかかわらず
【用言語幹パッチム有】+ 음에도 불구하고 ：～するにもかかわらず
(例) 몸이 아팠음에도 불구하고 시합에 나갔다.
　　体調が悪かったにもかかわらず試合に出た。
☞過去形の場合は았/었음에도 불구하고になる

<練習4> 次の単語を使って、必要な語を補いながら文を作りましょう。
① 오늘/아침 7시/ 일어나다 （今朝は朝7時に起床〈した〉：手帳などへのメモ）
　_____

② 일본 팀/열심히/하다/져 버리다 （日本チームは一生懸命やったにもかかわらず負けてしまった）
　_____

第10課　名詞化関連表現

会話 次の会話を発音してみましょう。意味も確認しましょう。

유미 : 겨울 방학 때 한국에 여행을 가기 위해 지금 열심히 아르바이트를 하고 있어요.

수진 : 한국에 가요? 겨울은 춥기 때문에 옷을 많이 입고 가요. 참, 가기 전에 이 책을 읽어봐요.

유미 : 무슨 책이에요?

수진 : 한국의 유명한 유적지에 대해서 쓴 에세이예요. 읽기 쉬울 거예요.

유미 : 재미있겠다! 고마워요, 수진 씨. 꼭 읽어 볼게요.

作文 韓国語に訳してみましょう。

1．ハングルは読むのが難しい。

___

2．韓国語を勉強するために来月から留学します。

___

3．たくさん勉強したので今日の試験は自信（자신）がある。

___

4．その話を聞いて自然に笑みが浮かんだ。

___

5．昨日早く寝たにもかかわらず、今朝は寝坊した。（寝坊する：늦잠을 자다）

この課でやったことcheck！

☐ 名詞化語尾−기と기を使った様々な表現の意味と使い方を理解できた。

☐ −기 어렵다、−기 쉽다、−기 힘들다、−기 시작하다、−기 전에、−기 위해서、−기 때문에の意味と使い方がわかる。

☐ 名詞化語尾−ㅁ/음の意味と使い方を理解できた。

☐ −ㅁ/음を使った表現 −ㅁ/음에도 불구하고の意味と使い方が理解できた。

第11課 接続表現①

> **この課で学ぶこと**
> ・-고と関連表現（〜ている、〜したい、〜したがる）
> ・理由を表す接続語尾（〜から、〜ので、〜て）

1. 接続語尾-고と関連表現

> ① 〜て、〜で、〜くて〈並列〉〈羅列〉〈順序〉〈後に続く動作の方法〉など
> 【動詞・形容詞語幹】+ 고　　:〜し、〜て
> 【名詞】　　　　　+ 이고　:〜で（あり）
> （例）오늘은 덥고 습기도 많다.　今日は暑くて湿気も多い。

☞以下のような乗り物を使った移動を表す場合も-고を使う。
　　전철을 타고 학교에 갔어요.　電車に乗って学校に行きました。

> ② 〜ている〈動作の進行と状態の継続〉
> 【動詞語幹】+ 고 있다〈進行〉
> （例）언니는 지금 책을 읽고 있다.　姉は今本を読んでいる。
>
> 【動詞語幹】+ 아/어 있다　:〜ている〈完了した状態の継続〉
> （例）저기에 앉아 있는 사람이 누구예요?　あそこに座っている人は誰ですか。

☞-고 있다も-아/어 있다も日本語では「〜ている」となるが意味が違うので注意すること。

〈練習1〉次の単語を使って、必要な語を補いながら文を作りましょう。

① 저/학생/언니/회사원（私は学生で姉は会社員です）
　_____

② 이/책/읽다/감동하다（この本を読んで感動しました）
　_____

③ 역/앞/미나 씨/기다리다（駅の前でミナさんを待っています）
　_____

④ 다로 씨/벌써/오다（タロウさんはすでに来ています）
　_____

> ③ ～したい、～したがる〈願望表現〉
> 【動詞語幹】＋고 싶다　　　：～したい
> 【動詞語幹】＋고 싶어하다：～したがる
> 　(例) 저는 커피를 마시고 싶어요.　　私はコーヒーが飲みたいです。
> 　　　 미나는 커피를 마시고 싶어해요.　ミナはコーヒーを飲みたがっています。

〈練習2〉次の単語を使って、必要な語を補いながら文を作りましょう。

① 여름 방학/한국/가다（夏休みに韓国に行きたいです）

　_____

② 동생/매일/게임/하다（弟は毎日ゲームをしたがります）

　_____

2．理由を表す接続語尾

> ① ～だから、ので〈理由、根拠、前提〉
> 【名詞】　　　＋(이)니까　　：（名詞）だから
> 【用言語幹】＋니까/으니까：～から、～（し）たら、すると
>
> (例) 날씨가 좋으니까 밖에서 점심을 먹어요.
> 　　　 天気がいいので外で昼食を食べましょう。

☞文末に希望・勧誘・命令・意志などの表現が来ることが多い。

〈練習3〉次の単語を使って、必要な語を補いながら文を作りましょう。

① 내일/시험/오늘/밤 늦게/공부하다（明日試験なので今日は夜遅くまで勉強するつもりです）

　_____

② 밖/나가 보다/눈/오다（外に出てみたら雪が降っていました）

　_____

> ② ~て、~ので〈動作の先行・理由〉
> 【動詞・形容詞語幹】＋ 아서/어서
> ①動作の先行：前の動作が起こらなければ後ろの動作も起こらない。
> 　　**(例)** 선물을 사서 어머니께 드렸어요.
> 　　　　プレゼントを買って母に差し上げました。
> ②理由：前の動作や状態が後ろの出来事の原因や条件になる。後ろに勧誘や命令が来ることはできない。
> 　　**(例)** 약속이 있어서 먼저 가요.
> 　　　　約束があるのでお先に行きます。

〈練習4〉次の単語を使って、必要な語を補いながら文を作りましょう。

① 친구/만나다/같이/영화/보다（友達に会って一緒に映画が見たいです）
　_____

② 길/막히다/늦다（道が混んでいて遅れました）
　_____

原因・理由を表す −(으)니까と−아/어서の違い

- −(으)니까は話者が判断した理由を表す。理由をはっきりさせたい場合に使い、文末には命令や勧誘などがよく使われる。また謝罪や感謝の理由としては使えない。
- −아/어서は一般的な現象や変化（自然の成り行き）などの原因に使われ、−아/어서の前には時制に関する語尾は使えない。文末には勧誘や命令は来ない。

(例) 날씨가 좋으니까 같이 공원에 갑시다．（○）
　　　날씨가 좋아서 같이 공원에 갑시다．（×）
　　　날씨가 좋았어서 공원에 갔어요．（×）

第11課 接続表現①

会話 次の会話を発音してみましょう。意味も確認しましょう。

CD-20

쇼타 : 다음주 연휴인데 뭐 하고 싶어요?

민호 : 홋카이도에 여행을 가려고요. 한국에서 가족들이 오니까 대자연도 느끼고 맛있는 것도 먹고 싶어요.

쇼타 : 오~, 부럽네요. 이렇게 더울 때는 홋카이도가 최고죠. 홋카이도는 아주 넓으니까 차를 빌려서 여기저기 돌아보는 것도 좋을 거예요. 조심해서 잘 다녀오세요.

作文 韓国語に訳してみましょう。

1．レポートを書いて郵便（우편）で送って下さい。

　_____

2．図書館までバスに乗って行きます。

　_____

3．タロウさんがミナさんに会いたがっています。

　_____

4．今ご飯を食べているので、後で（나중에）電話します。

　_____

5．頭が痛くて熱もあるので今日は学校に行けません。

　_____

この課でやったことcheck！

☐ -고と-고 있다、-아/어 있다、-고 싶다、-고 싶어하다の意味と使い方がわかる。
☐ 理由を表す接続語尾、-(으)니까の意味と使い方がわかる。
☐ 動作の先行や原因を表す接続語尾-아서/어서の意味と使い方がわかる。

第12課 接続表現②

> **この課で学ぶこと**
> ・条件や仮定、譲歩を表す語尾と関連表現
> ・並行や逆接の接続語尾

1. 条件や仮定、譲歩を表す語尾と関連表現

> ① ~ならば、~たら、~（する）と〈仮定〉
> 【動詞・形容詞語幹】+면/으면
> （例）봄이 오면 꽃이 많이 핀다.
>   春になると花がたくさん咲く。
>   매일 한국어를 공부하면 금방 잘할 수 있어요.
>   毎日韓国語を勉強すればすぐに上手になります。

✎ -(으)면 하다、-았/었+으면 좋겠다で、「~だったらと思う」「~だったらいいのに」と話者の希望を表す表現となる。
　（例）수업이 일찍 끝났으면 좋겠다. 授業が早く終わったらいいのに。

✎ -(으)면 되다で「~すればよい」、-(으)면 안 되다で「~してはいけない」という表現になる。
　（例）여기서 음식을 먹으면 안 돼요. ここで食べ物を食べてはいけません。

〈練習1〉次の単語を使って、必要な語を補いながら文を作りましょう。
① 돈/시간/있다/한국/가다（お金と時間があれば韓国に行きたいです）
　_____

② 크리스마스/눈/내리다（クリスマスに雪が降ればいいのに）
　_____

③ 여기/비밀번호/입력하다（ここに暗証番号を入力すればよいです）
　_____

> **2** 〜ても、〜だとしても〈譲歩・強調〉
> 【用言語幹】＋ 아/어도
> (例) 도서관에 가도 자리가 없을 것이다.
> 　　図書館に行っても席がないはずだ。
> 　　아무리 바빠도 연락은 해 줘요.
> 　　どんなに忙しくても連絡はしてください。

✏️ 【用言語幹】＋ 아/어도 되다・괜찮다・좋다で「〜てもよい、てもかまわない」という許可を表す表現になる。

〈練習2〉次の単語を使って、必要な語を補いながら文を作りましょう。

① 내일/사무실/찾아가다（明日オフィスに行ってもいいですか）
　_____

② 한국/가다/연락하다（韓国に行ったら連絡してもいいですか）
　_____

③ 그/감기/걸리다/병원/가다（彼は風邪をひいても病院に行かない）
　_____

2. 並行や逆接の接続語尾

> **1** 〜だが、〜けれど、〜のに〈逆接・前提の接続語尾（口語的）〉
> 【動詞と있다・없다語幹】＋ 는데
> 【形容詞語幹】＋ ㄴ/은데
> 【名詞】＋ 인데
> (例) 한국에 가고 싶은데 시간도 돈도 없어요.
> 　　韓国に行きたいのに時間もお金もありません。
> 　　어제 백화점에 갔는데 사람이 너무 많았어요.
> 　　昨日デパートに出かけたのですが、人がとても多かったです。
> ☞過去形は-았/었는데になる

〈練習3〉次の単語を使って、必要な語を補いながら文を作りましょう。

① 숙제/아직/끝나다/출발하다（まだ宿題が終わっていないのに出発しなければなりません）
　_____

② 비/오다/우산/없다（雨が降っているのに傘がありません）
　_____

③ 열/나다/시험/있다/학교/가다（熱が出たけど試験があるので学校に行きました）
　_____

> **2** 〜しながら、〜しつつ、〜でありながら〈動作の並行、逆接〉
> 【用言語幹】+ -면서/으면서
> **(例)** 텔레비전을 보면서 밥을 먹었어요.
> テレビを見ながらご飯を食べました。(動作の並行)
> 공부를 많이 했으면서 그것밖에 안돼?
> 勉強をたくさんしておきながらそれしかできないの？(逆接)

✎ -(으)며も-(으)면서と同様に〈動作の並行〉の意味で使われる。さらに「〜で」という並列の意味も持っている。
　(例) 음악을 들으며 잠을 잤다.　　　　　音楽を聞きながら眠った。
　☞ 名詞には(이)면서、(이)며をつける。
　　　그는 학생이면서 회사도 경영하고 있다.　彼は学生でありながら会社も経営している。

〈練習4〉次の単語を使って、必要な語を補いながら文を作りましょう。
① 휴대전화/보다/걷다/위험하다（携帯電話を見ながら歩くのは危険です）
　_____

② 음악/듣다/버스/기다리다（音楽を聴きながらバスを待ちます）
　_____

③ 알다/저/말하다（知っていながら私に話してくれなかったのですか）
　_____

④ 그/가수/배우（彼は歌手であり俳優だ）
　_____

스타벅스커피 인사동점
(スターバックスコーヒー仁寺洞店)

第12課　接続表現②

会話 次の会話を発音してみましょう。意味も確認しましょう。

CD-21

수진 : 도쿄 백화점은 어떻게 가면 돼요?
유미 : 여기서 버스를 타고 가면 돼요.
수진 : 전철로도 갈 수 있어요?
유미 : 전철로 가도 되지만 시간이 좀 걸려요.
수진 : 괜찮아요. 책을 읽으면서 가면 되니까요. 전 버스를 타면 멀미를 하거든요.
유미 : 그래요? 그럼 전철로 가는 게 좋겠네요.

作文 韓国語に訳してみましょう。

1. 手を洗ったらおやつ（간식）を食べてもいいよ。
   ___

2. 昨日は寒かったけど、今日は暖かい。
   ___

3. 明日雨が降ったら試合は延期されます。
   ___

4. 授業中に寝てはいけません。
   ___

5. 単語が難しければ辞書を引いて下さい。
   ___

この課でやったことcheck！

☐ -(으)면、-(으)면 하다、-(으)면 좋겠다、-(으)면 되다の意味と使い方がわかる。
☐ -아/어도、-아/어도 되다・괜찮다・좋다の意味と使い方がわかる。
☐ -(으)ㄴ데、-는데の意味と使い方がわかる。
☐ -(으)면서の意味と使い方がわかる。

韓国語を使ってみよう❸

物語をリライトしてみよう

　皆さんが良く知っている昔話を、習った文法表現を使って書いてみましょう。辞書やインターネットで調べるのは最小限にして、なるべく自分が使える言葉でわかりやすく書いてみましょう。書いた話をクラスで発表しましょう。

〈例〉桃太郎

> 아주 옛날에 할아버지와 할머니가 살고 있었어요. 어느 날 할아버지는 산에 가고 할머니는 강에서 빨래를 하고 있었어요. 그 때 할머니가 강에서 큰 복숭아를 발견했어요. 할머니는 놀라서 복숭아를 주워서 집에 가지고 가서 할아버지와 자르려고 하는데 그 복숭아에서 건강한 남자 아이가 나왔어요…

他にどんな話があるでしょうか。

1．ウサギとカメ
2．浦島太郎
3．カチカチ山　など

いろんな話をわかりやすく楽しく書いてみてくださいね！

Unit 2

第13課 いろいろな助詞②

> **この課で学ぶこと**
> ・さまざまな助詞の用法
> ・限定や頻度、様子を表す助詞
> ・選択の幅を表す助詞など

1. 限定や頻度、様子を表す助詞

日本語	韓国語	例	備考
～だけ	-만	이 아이는 과자만 먹고 밥을 안 먹어요. この子はお菓子ばかり食べてご飯を食べません。	断定的な意味
～しか	-밖에	마감까지 일주일밖에 안 남았다. 締め切りまで1週間しか残っていない。	後ろに否定が続く
～ごと(に) それぞれ	-마다	우리 일요일마다 만나서 같이 공부해요. 私たち日曜日ごとに会って一緒に勉強しましょう。	頻度
～ように	-처럼	눈처럼 하얗고 예쁜 꽃 雪のように白くきれいな花	例示

〈練習1〉次の単語に加え、必要な助詞や語を補って文を作りましょう。

① 이/행사/학생/참석하다（この行事には学生だけが参加できます）
　_____

② 돈/이것/없다（お金がこれしかありません）
　_____

③ 사람/성격/취향/다르다（人それぞれ性格も趣味も異なる）
　_____

④ 한국 사람/한국어/잘하다（韓国人のように韓国語がうまくなりたいです）
　_____

2. 選択の幅を表す助詞

日本語	韓国語	例	備考
〜すら	-조차	물조차 마음대로 못 마셔요. 水すら好きなように飲めません。	他のことは当然、基本的なことも除外される
〜まで、 〜さえ	-마저	추운데 눈마저 내리기 시작했다. 寒いのに雪まで降り始めた。	悪い状況にさらに加えて
〜でも 〜くらいは	-(이)라도	주스가 없으면 물이라도 주세요. ジュースがないなら水でもください。	不十分であるが容認することを表す
〜か		아침에 우유나 커피를 마셔요. 朝ご飯に牛乳かコーヒーを飲みます。	選択肢として名詞と名詞を連結する意味
〜も	-(이)나	이거나 저거나 그게 그거다. これもあれも結局は皆同じだ。	同様に、皆を含むという意味
〜でも		심심한데 영화나 볼까요? 退屈だから映画でも見ましょうか。	いくつか列挙した中で選択するが、必ずしも最善ではないことを表す

〈練習2〉次の単語に加え、必要な助詞や語を補って文を作りましょう。

① 입/아프다/물/못 마시다 （口が痛くて水すら飲めません）
_____

② 그 사람/나/배신하다 （その人までも私を裏切った）
_____

③ 선생님/화요일/수요일/꼭/오시다 （先生は火曜日か水曜日に必ずいらっしゃいます）
_____

④ 누구/그렇다/경험/있다 （誰でもそのような経験があります）
_____

-(이)나と-(이)라도の違い

✎ 疑問詞 + (이)나 ：〈「全てを含む」という意味〉
　　(例) 인간은 누구나 잠을 잔다.
　　　　그는 언제나 친절하다.
✎ 疑問詞 + (이)라도 ：〈「どれでも構わない」という意味〉
　　(例) 누구라도 좋으니까 빨리 가 봐.
　　　　궁금한 것이 있으면 언제라도 전화 주세요.

3. その他の助詞

日本語	韓国語	例	備考
〜の通りに	-대로	사실대로 말해 봐. 本当のことを話してみて。 (事実の通り話してみて)	準拠
〜として	-(으)로서	엄마로서 해야 할 일. 母親としてやるべきこと。	地位や資格
〜で、 〜によって	-(으)로써	한국어를 공부함으로써 한국에 대한 이해가 깊어졌어요. 韓国語を勉強することで韓国に対する理解が深くなりました。	手段や方法

☞ 動詞-ㅁ/음으로써で「〜することで、〜することによって」という意味になる。
☞ -(으)로서の서と-(으)로써の써は省略できる。

〈練習3〉次の単語に加え、必要な助詞や語尾を補って文を作りましょう。

① 선생님 말씀/이 책/어렵다（先生のお言葉通りこの本は難しかった）

　_____

② 학생/공부/열심히/하다（学生として勉強を一生懸命します）

　_____

③ 저녁/적다/먹다/다이어트 효과/있다
　（夕食を少なく食べることでダイエット効果があります）

　_____

길거리음식 어묵
（屋台のおでん）

초코파이
（チョコパイ）

第13課　いろいろな助詞②

会話 次の会話を発音してみましょう。意味も確認しましょう。

> 쇼타 : 리포트 마감까지 3일밖에 안 남았어요.
>
> 민호 : 큰일 났다! 아직 교과서조차 보지 못했어요.
>
> 쇼타 : 그런데 선생님 말씀대로 교과서를 읽어 보니까 필요한 것들이 다 있었어요. 제가 민호 씨 일본어로 쓰는 것을 도와 줄 테니까 일단 커피라도 마시고 천천히 해요.

作文 韓国語に訳してみましょう。

1. あの人は私に挨拶すらしなかった。

   _____

2. 食事をするたびにこの薬を1粒ずつ飲んでください。（1粒：한 알）

   _____

3. どこでもいいから旅行に行きたい。

   _____

4. 会う時間がなければメールでもください。

   _____

5. 最近忙しすぎてご飯を食べる時間さえありません。

   _____

この課でやったことcheck!

☐ －만、－밖에、－마다、－처럼の意味と使い方がわかる。

☐ －조차、－마저、－(이)라도、－(이)나の意味と使い方がわかる。

☐ －대로、－(으)로서、－(으)로써の意味と使い方がわかる。

第14課

接続表現③

> **この課で学ぶこと**
> ・細かいニュアンスを表す接続語尾（第11課、第12課参照）

1. さまざまな接続語尾

> 1 ～たり〈選択的並列〉
> 【用言語幹】+ 거나
> (例) 모르는 문제가 있으면 인터넷으로 검색하거나 사전을 찾아 보세요.
> わからない問題があったらインターネットで検索したり、辞書を調べてみてください。

> 2 ～(と)しても、～でも〈状況の仮定、譲歩〉
> 【用言語幹】+ 더라도
> (例) 밖이 아무리 춥더라도 매일 꼭 운동을 합니다.
> 外がいくら寒かったとしても毎日必ず運動をします。

> 3 ～と思ったら、～していたので、～していたが〈理由、前置き、逆接〉
> 【用言語幹】+ 더니
> (例) 아침에 그렇게 비가 오더니 이제 그쳤네요.
> 朝雨があんなに降っていたと思ったらもう止みましたね。
> ☞話し手が自分で経験したり見聞きしたことを言う場合に使う。

〈練習1〉次の単語を使って、必要な語を補いながら文を作りましょう。

① 아무리/시험 문제/어렵다/끝/풀다 （いくら試験問題が難しくても最後まで解きます）

　_____

② 주말/집/빨래하다/청소하다 （週末には家で洗濯をしたり、掃除をしたりする）

　_____

③ 여동생/열심히/공부하다/이제/한국어/아주/잘하다
（妹は一生懸命勉強していると思ったら今は韓国語がとても上手になりました）

　_____

第14課　接続表現③

> **4** 〜（し）てこそ、〜しても〈強い条件〉
> 【用言語幹】+ 아야/어야
> （例）사람은 먹어야 살 수 있다.　人は食べてこそ生きられる

✏️ -아/어야 하다、-아/어야 되다で「〜しなければならない」という意味になる。
（例）　리포트는 금요일까지 꼭 제출해야 한다.
　　　　レポートは金曜日までに必ず提出しなければならない。

> **5** 〜するのに、〜していて〈後に起こることの原因〉
> 【動詞と 있다・없다語幹】+ 느라고
> （例）숙제를 하느라고 한숨도 못 잤어요.
> 　　　宿題をしていて一睡もできませんでした。

〈練習2〉次の単語を使って、必要な語を補いながら文を作りましょう。
① 돈/찾다/은행/가다（お金を下ろしに銀行に行かなければなりません）
　　_____

② 몸/건강하다/마음/건강하다（体が健康でこそ、心も健康でいられるのです）
　　_____

③ 스마트폰/만화를 보다/버스/놓치다
　　（スマートフォンでマンガを読んでいてバスに乗り遅れました）
　　_____

> **6** 〜ように〈目的〉、〜ほど、〜（する）まで〈程度〉
> 【用言語幹】+ 도록
> （例）집에 오면 바로 먹을 수 있도록 밥을 차려 놓았어.〈目的〉
> 　　　家に帰ったらすぐ食べられるようにご飯を準備しておいたよ。
> 　　　밤새도록 친구들과 수다를 떨었다.〈程度〉
> 　　　夜更かしして友達とおしゃべりした。

> **7** 〜（し）ようと〈意図〉
> 【用言語幹】+ 려고/으려고
> （例）숙제를 하려고 했는데 책을 학교에 두고 왔다.
> 　　　宿題をしようとしたけれど本を学校に忘れてきた。

〈練習3〉次の単語を使って、必要な語を補いながら文を作りましょう。
① 매일/한국어 발음/연습하다（毎日韓国語の発音を練習するようにして下さい）
　　_____

② 주말/친구/놀러가다/미리/숙제/하다（週末友達と遊びに行こうとあらかじめ宿題をしました）
　　_____

> 8 ～のとおり〈動作の追認〉
> 【用言語幹】＋다시피
> （例）여러분도 아시다시피 일본과 한국은 가깝습니다.
> 　　　みなさんもご存じの通り日本と韓国は近いです。

🖉 알다시피(知っての通り)、보다시피(見ての通り)のように前に알다、보다、듣다などの動詞が来る。

> 9 ～(する)やいなや、(する)とすぐに〈動作の連接〉
> 【動詞語幹】＋자마자
> （例）민호는 교실에 도착하자마자 도시락부터 먹기 시작했다.
> 　　　ミンホは教室に着くやいなや弁当を食べ始めた。

🖉 意味の似た語尾として−자があり、これも動作の連接の意味を持っているが、−자마자は後続の動作までの時間が非常に短いニュアンスがある。

〈練習4〉次の単語を使って、必要な語を補いながら文を作りましょう。
① 학생들/수업/끝나다/교실/나가다（学生たちは授業が終わるやいなや教室を出て行った）
　　_____

② 보시다/여기/안전하다/곳（ご覧のとおりここは安全な場所です）
　　_____

청계천
(清渓川：ソウルの中心街を流れる川、市民の憩いの場)

会話 次の会話を発音してみましょう。意味も確認しましょう。

유미 : 수진 씨는 주말에 보통 뭐 해요?

수진 : 저는 집에 있을 때는 책을 읽거나 음악을 듣거나 해요. 친구를 만나러 갈 때도 있고요. 운동도 해야 되는데 유미 씨도 알다시피 전 운동을 안 좋아하잖아요.

유미 : 나도 다이어트를 결심하고 어제 저녁에 운동하려고 밖에 나갔는데 나가자마자 비가 오기 시작해서 결국 못 했어요.

수진 : 다이어트…나도 해야 되는데….

作文 韓国語に訳してみましょう。

1. 友達に会おうと電話をしたけれど、電話に出ませんでした。(電話に出ない：전화를 안 받다)

   _____

2. テウに会うとしても私がさっき話したことは秘密にしてください。

   _____

3. 単語は忘れないように毎日練習しましょう。

   _____

4. 何があっても試験は必ず受けなければいけません。

   _____

5. レポートを書くのに忙しくて、昨日は連絡できませんでした。

   _____

この課でやったことcheck！

☐ -거나、-더라도、-더니の意味と使い方がわかる。
☐ -아/어야、-아/어야 하다、-아/어야 되다、-느라고の意味と使い方がわかる。
☐ -도록、-(으)려고の意味と使い方がわかる。
☐ -다시피、-자마자の意味と使い方がわかる。

第15課

連体形の関連表現②

> **この課で学ぶこと**
> ・様々な連体形を用いる表現
> ・連体形＋길에、김에、겸、듯이、테니까、대로、셈、만하다、
> 　게 좋다、덕분에、바람에、지도 모르다、모양이다など

1. 【動詞語幹】＋는 길에：〜する途中で
   (例) 회사 가는 길에 커피를 사서 간다.　会社に行く途中、コーヒーを買っていく。

2. 【動詞語幹】＋는 김에：〜するついでに
   (例) 옷정리 하는 김에 가구배치도 바꿔 봤어요.
   　　 服の整理をするついでに家具の配置も変えてみました。

3. 【動詞語幹】＋(으)ㄴ 김에：〜したついでに
   (例) 머리 자른 김에 염색도 할까요?
   　　 髪を切ったついでにカラーリングもしましょうか。

4. 【動詞語幹】＋(으)ㄹ 겸：〜するのを兼ねて
   (例) 일을 배울 겸 주말마다 돕고 있어요.
   　　 仕事を習うのを兼ねて毎週末手伝っています。

5. 【動詞語幹】＋는 듯이：〜しているように
   (例) 마치 그 사람을 아는 듯이 말했다.
   　　 まるでその人を知っているかのように言った。

6. 【用言語幹】＋(으)ㄴ 듯이：〜のように、〜たように
   (例) 아주 친한 듯이 어깨동무를 했어요.　とても親しそうに肩を組んでいました。
   　　 몇 시간을 죽은 듯이 자고 있어요.　何時間も死んだかのように寝ています。

7. 【用言語幹】＋(으)ㄹ 듯이：〜しそうに
   (例) 합격 소식을 듣고 날아갈 듯이 좋아했어요.
   　　 合格の知らせを聞いて飛びはねるように喜んでいました。

8. 【用言語幹】＋(으)ㄹ 테니까：〜はずだから、〜だろうから
   (例) 여기에서 기다리고 있을 테니까 갔다 오세요.
   　　 ここで待っていますから行って来てください。
   　　 그렇게 말하면 알아들을 테니까 일단 만나 보는 게 어때요?
   　　 そのように言えば分かるはずだからとりあえず会ってみるのはどうですか。

〈練習1〉連体形の時制に注意して文を作ってみましょう。

① 어학 연수 가다/여행하다 (語学研修に行ったついでに旅行もした)
　_____

② 걸음걸이/술 취하다/비틀거리다 (歩き方が酔っぱらっているようによろよろしていた)
　_____

③ 케이크/사다/빵/사다 (ケーキを買うついでにパンも買った)
　_____

④ 전화/오다/말하다 (電話では来れそうだったのに)
　_____

9. 【動詞語幹】＋는 대로：〜するとすぐに、〜がまま
　(例) 회의가 끝나는 대로 바로 보고서를 썼습니다.
　　　会議が終わるとすぐに報告書を書きました。
　　　위에서 시키는 대로 했을 뿐입니다.
　　　上から命令されるがままやっただけです。

10. 【用言語幹】＋(으)ㄴ 대로：〜した通りに、〜したまま
　(例) 처음에 마음 먹은 대로 끝까지 하려고 해요.
　　　最初に決心した通りに最後まで成し遂げようと思います。
　　　들은 대로 말했어요.
　　　聞いた通り言いました。

11. 【用言語幹】＋(으)ㄹ 대로：極限や極端な状態で
　(例) 지칠 대로 지쳐서 더이상 손가락도 꿈쩍할 힘이 없어요.
　　　疲れ果ててもう指一本動かす力もありませんでした。
　　　될 대로 돼라는 심정이었어요.
　　　どうにでもなれという心境でした。

12. 【動詞語幹】＋는 셈：(結局は) 同等な
　(例) 원래 사람이 많으니까 숟가락만 하나 더 놓는 셈이지요.
　　　もともと人が多いのでスプーン一つ置くようなものですよ（遠慮なく一緒に食べて下さい、という意味）。

13. 【用言語幹】＋(으)ㄴ 셈：(ほとんど) 〜同じであること
　(例) 1시간도 채 못 잤으니까 거의 밤샘한 셈이네요.
　　　1時間も寝ていないのでほとんど徹夜したものとおなじですね。
　　　여기 물가에 비하면 싼 셈이죠.
　　　ここの物価に比べると安いものでしょう。

14. **【用言語幹】＋(으)ㄹ 만하다：〜に値する**
    (例) 이제 좀 적응할 만하니까 떠나야 하네요.
    　　　ちょっと慣れたのかなと思ったら発たなければなりませんね。

15. **用言の現在連体形＋게 좋다：〜するのがいい、〜した方がいい**
    (例) 제시간에 도착하려면 지금 출발하는 게 좋아요.
    　　　その時間に到着するためには今出発した方がいいです。
    　　추운 것보다는 더운 게 좋아요.
    　　　寒いよりは暑い方がいいです。

16. **【動詞語幹】＋(으)ㄴ 덕분에：〜したおかげで**
    (例) 차로 데려다주신 덕분에 정말 편하게 왔어요.
    　　　車で送って下さったおかげで本当に楽に来ることができました。

17. **【動詞語幹】＋는 바람에：〜のせいで**
    (例) 어제 정전이 되는 바람에 아무것도 못 했어요.
    　　　昨日停電したせいで何もできませんでした。

18. **【用言語幹】＋(으)ㄹ 지도 모르다：〜かもしれない**
    (例) 모임에 조금 늦을 지도 모르겠어요.　集まりにちょっと遅れるかもしれません。

19. **連体形＋모양이다：〜のようだ〈客観的な推測〉**
    (例) 불이 켜져 있는 걸 보니 집에 있는 모양이다.
    　　　電気が点いているのをみると家にいるようだ。
    　　칭찬을 받으니 기쁘기는 기쁜 모양이다.
    　　　褒められるとうれしいのはうれしいようだ。
    　　연락이 없는 걸 보니 떨어진 모양이에요.
    　　　連絡がないのをみると落ちたみたいです。
    　　포기하지 않고 다시 도전할 모양이에요.
    　　　諦めないでもう一度挑戦するようです。

〈練習2〉連体形の時制に注意して文を作ってみましょう。

① 요즘/ 보다/ 영화/ 추천하다 （最近おすすめの〔見るに値する〕映画があれば教えてください）
　　_____

② 사고가 나다/ 약속 시간/ 늦다 （事故が起こったせいで約束時間に遅れました）
　　_____

③ 미리/ 연락을 하다/ 두다/ 바로/ 찾다
　　（あらかじめ連絡しておいたおかげですぐに見つけることができました）
　　_____

第15課　連体形の関連表現②

会話　次の会話を発音してみましょう。意味も確認しましょう。

① CD-24

유미 : 제가 돗자리랑 도시락을 준비해 올 테니까 수진 씨는 몸만 오면 돼요.

수진 : 그럼, 전 오는 길에 돈도 찾을 겸 음료수를 준비할게요. 유미 씨 덕분에 정말 오래간만에 놀러 가네요.

② CD-25

민호 : 새로 이사 간 동네는 살 만해요?

쇼다 : 전에 살던 동네보다 조금 시끄럽긴 하지만 역에서도 가깝고 햇볕도 잘 들어서 정말 좋아요.

作文　韓国語で訳してみましょう。

1．前の車が急停車（급정거）した勢いで事故を起こしそうになりました。

　_____

2．先生がおっしゃった通りにやれば問題ないでしょう。

　_____

3．今にも（금방이라도）雨が降りそうだったのに日が差していますね。

　_____

4．勝った人も負けた人もいないので引き分けた（비기다）ことと同じですね。

　_____

5．本場（본고장）で食べたものとは違うけど食べる価値はありますね。

　_____

　この課でやったことcheck！
　□ 連体形＋길에、김에、겸、듯이、테니까、대로の意味と使い方がわかる。
　□ 連体形＋게 좋다、덕분에、바람에、지도 모르다、모양이다の意味と使い方がわかる。

第16課

引用表現①

> **この課で学ぶこと**
> ・直接引用
> ・間接引用の平叙文と疑問文

1. **直接引用**とは、話者が直接話したことを言葉通りに引用するもので、平叙文、疑問文、命令文、勧誘文がある。
   - 平叙文　　（例）동생이 "연습을 해요." 라고 했어요.
   - 疑問文　　（例）동생이 "연습을 해요?" 라고 물었어요.
   - 命令文　　（例）어머니가 "빨리 출발하세요." 라고 했어요.
   - 勧誘文　　（例）어머니가 "빨리 출발합시다." 라고 했어요.

2. **間接引用**とは、直接引用文を「〜という」の形にしたもので、文の種類によって後ろにつく形が違う。한다체と一緒に確認してみよう。

   ① 平叙文の間接引用：「〜だそうです」

	品詞		한다体	例	間接引用	例
平叙文	動詞	パッチム 無	語幹+ㄴ다	한국에 간다. 영화를 본다.	語幹+ㄴ다고 하다	한국에 간대요. 영화를 본대요.
		パッチム 有	語幹+는다	밥을 먹는다. ★친구랑 논다.	語幹+는다고 하다	밥을 먹는대요. ★친구랑 논대요.
	있다・없다		語幹+다	시간이 없다. 키가 크다. 오늘은 춥다.	語幹+다고 하다	시간이 없대요. 키가 크대요. 오늘은 춥대요.
	形容詞					
	名詞	パッチム 無	名詞+다	이게 취미다.	名詞+라고 하다	취미래요.
		パッチム 有	名詞+이다	내 여권이다.	名詞+이라고 하다	여권이래요.

- ★は不規則活用するもの。
- 間接引用の例文は、会話で使われる해요体の縮約形である。(P.72の表参照)
- 過去形の場合、「語幹+았/었+다고 하다」で、해요体の縮約形は「語幹+았/었+대요」である。名詞は「名詞+였/이었+대요」になる。

2 　疑問文の間接引用：「〜かと尋ねています」

	品詞			한다体	例	間接引用	例
疑問文	動詞			語幹 +느냐?	뭘 찾느냐? 어디에 쓰느냐? 어디서 파느냐?	語幹 +느냐고 하다	뭘 찾느내요. 어디에 쓰느내요. 어디서 파느내요.
	있다・없다				여권은 있느냐?		여권은 있느내요.
	形容詞	パッチム	無	語幹 +냐?	동생은 예쁘냐?	語幹 +냐고 하다	동생은 예쁘내요.
			有	語幹 +으냐?	신발이 작으냐? ★밖은 추우냐?	語幹 +으냐고 하다	신발이 작으내요. ★밖은 추우내요.
	名詞	パッチム	無	名詞 +냐?	이게 커피냐?	名詞 +냐고 하다	이게 커피내요.
			有	名詞 +이냐?	이게 물이냐?	名詞 +이냐고 하다	이게 물이내요.

✎ ★は不規則活用するもの。

✎ 過去形の場合、「語幹＋았/었＋느냐고 하다」で、해요体の縮約形は「語幹＋았/었＋느내요」。
　名詞は「名詞＋였/이었＋느내요」になる。実際の会話では、「느」が省略されることが多い。

〈練習1〉次の直接引用文を間接引用文に直してみましょう。

① 선생님께서 "내일은 시험이 있어요."라고 말씀하셨어요.
　→ _____

② 후배가 "집이 좀 멀어요."라고 했어요.
　→ _____

③ 친구는 "시부야에서 주로 놀아"라고 했어요.
　→ _____

④ 아주머니가 "오늘은 좀 추워요."라고 했어요.
　→ _____

〈練習2〉次の直接引用文を間接引用文に直してみましょう。

① 직원이 "몇 학년이에요?"라고 물었어요.
　→ _____

② 어머니가 "밥 먹었어?"라고 하셨어요.
　→ _____

③ 친구가 "선배가 무서워?"라고 했어요.
　→ _____

④ 모르는 사람이 "여기에 사세요?"라고 물었어요.
　→ _____

⑤ 미용사가 "머리가 길어요?"라고 했어요.
　→ _____

〈練習3〉次の間接引用文を例のように縮約形に直してみましょう。

(例) 친구랑 영화를 본다고 해요.　→ 친구랑 영화를 본대요.
　　　　　　　　　　　　　　　　　　(見るそうです)
　　친구랑 영화를 본다고 했어요.　→ 친구랑 영화를 본댔어요.
　　　　　　　　　　　　　　　　　　(見ると言っていました)
　　친구랑 영화를 봤다고 해요.　→ 친구랑 영화를 봤대요.
　　　　　　　　　　　　　　　　　　(見たそうです)
　　영화를 보느냐고 해요.　　　→ 영화를 보(느)내요.
　　　　　　　　　　　　　　　　　　(見るかと言っています)
　　영화를 보느냐고 했어요.　　→ 영화를 보(느)냈어요.
　　　　　　　　　　　　　　　　　　(見るかと言っていました)
　　영화를 봤느냐고 해요.　　　→ 영화를 봤(느)내요.
　　　　　　　　　　　　　　　　　　(見たかと言います)

① 오늘은 시간이 없다고 했어요.
　→ _____

② 시부야에서 논다고 해요.
　→ _____

③ 머리가 기냐고 해요.
　→ _____

④ 학생이 아니라고 해요.
　→ _____

⑤ 분위기가 좋으냐고 해요.
　→ _____

第16課　引用表現①

会話　次の会話を発音してみましょう。意味も確認しましょう。

1

유미 : 소문 들었어요? 시경 선배님이 결혼하신대요.

수진 : 누구랑요? 10년 안에는 절대로 결혼 안 한다고 하셨는데….

2

민호 : 선생님이 사람들 다 왔느냐고 물어보셨어요.

쇼타 : 두 명 정도 좀 늦는다고 연락이 왔어요.

作文　韓国語で訳してみましょう。文末は縮約形も書くこと。

1. おば（이모）は私に今年何歳かと尋ねました。

2. 試験は来週に延期されたそうです。

3. 9時には、店を開けているそうです。

4. 今晩、タッパル（닭발）を食べに行くと言いました。

5. どちらの服が似合っているかと尋ねました。

この課でやったことcheck！
- □ 間接引用の平叙文とその縮約形を作ることができる。
- □ 間接引用の疑問文とその縮約形を作ることができる。

第17課 引用表現②

> **この課で学ぶこと**
> ・間接引用の命令文と勧誘文の作り方

1. 命令文の間接引用：「〜しなさいと言っています」

	品詞		한다体	例	伝聞	例
命令文	動詞	パッチム 無	語幹 +아/어라	빨리 와라. 나한테 줘라. 청소 좀 해라.	語幹 +라고 하다	빨리 오래요. 자기한테 달래요. 청소 좀 하래요.
		パッチム 有		신문을 읽어라. 밖에서 놀아라.	語幹 +으라고 하다	신문을 읽으래요. ★밖에서 놀래요.
	있다			여기 있어라.		여기 있으래요.

🖉 ★は不規則活用するもの。

🖉 命令文の直接引用「〜주세요」は、話し手が自分の方に物や行為を要求する場合、間接引用は「〜주라고 하다」ではなく「〜달라고 하다」になるので注意。

(例) 1. 누나가 저에게 "그건 동생한테 줘." 라고 했어요.
   →누나가 저에게 그건 동생한테 주라고 했어요.
2. 누나가 저에게 "그건 나한테 줘." 라고 했어요.
   →누나가 저에게 그건 자기한테 달라고 했어요.

🖉 間接引用の命令文の해요体は「-(으)라고 해요」で、その縮約形は「-(으)래요」。

(例) 1. 저기에 앉으라고 해요.   →저기에 앉으래요.
2. 이걸 마시라고 해요.   →이걸 마시래요.
3. 언니한테 운전하라고 했어요.   →언니한테 운전하랬어요.

〈練習1〉次の直接引用文を間接引用文に直してみましょう。

① 의사 선생님이 "옆으로 누우세요." 라고 말해요.
   →＿＿＿＿＿＿＿＿＿＿＿＿＿＿＿＿＿＿＿＿

② 사회자가 "옆 사람의 손을 잡으세요." 라고 말해요.
   →＿＿＿＿＿＿＿＿＿＿＿＿＿＿＿＿＿＿＿＿

③ 형이 동생에게 "저기 가서 놀아." 라고 말해요.
   →＿＿＿＿＿＿＿＿＿＿＿＿＿＿＿＿＿＿＿＿

④　직원이 "여기에서는 사진을 찍지 마세요."라고 해요.

→ _____

⑤　후배가 "다 쓴 후에 저한테 주세요."라고 해요.

→ _____

2. 勧誘文の間接引用:「〜しましょうと言っています」

	品詞	한다体	例	伝聞	例
勧誘文	動詞	語幹+자	같이 보자. 다음 주에 먹자.	語幹+자고 하다	같이 보재요. 다음 주에 먹재요.
	있다		잠시만 있자.		잠시만 있재요.

📝 間接引用の勧誘文の해요体は「-자고 해요」で、その縮約形は「-재요」。

(例) 1. 같이 앉자고 해요. → 같이 앉재요.
　　 2. 택시를 타자고 했어요. → 택시를 타쟀어요.

〈練習2〉次の直接引用文を間接引用文に直してみましょう。

①　옆 사람이 "책 좀 같이 봅시다."라고 해요.

→ _____

②　친구가 "10분만 더 앉아 있자."라고 해요.

→ _____

③　누군가 "창문을 엽시다."라고 해요.

→ _____

④　주인공이 "여기에 생선을 구웁시다."라고 해요.

→ _____

〈練習3〉次の間接引用文を縮約形に直してみましょう。

①　자원봉사로 어려운 이웃을 돕자고 해요.

→ _____

②　진열된 상품은 만지지 말라고 해요.

→ _____

③　봉지 윗부분을 뜯으라고 했어요.

→ _____

④　같이 식사 한번 하자고 했어요.

→ _____

⑤　의사 선생님이 엎드려 누우라고 했어요.

→ _____

間接引用の해요体とその縮約形

		한다体 :〜である	間接引用 :〜と言う	해요体 :〜と言います	縮約形	過去形 :〜と言っていました
平叙文	動詞	-ㄴ/는다	-ㄴ/는다고 하다	-ㄴ/는다고 해요	-ㄴ/는대요	-ㄴ/는댔어요
	있다 없다 形容詞	-다	-다고 하다	-다고 해요	-대요	-댔어요
	名詞	〜(이)다	〜(이)라고 하다	〜(이)라고 해요	〜(이)래요	〜(이)랬어요

		한다体 :〜か	間接引用 :〜かと言う	해요体 :〜かとききます	縮約形	過去形 :〜かとききました
疑問文	動詞 있다 없다	-느냐?	-느냐고 하다	-느냐고 해요	-느내요	-느냈어요
	形容詞	-(으)냐?	-(으)냐고 하다	-(으)냐고 해요	-(으)내요	-(으)냈어요
	名詞	〜(이)냐?	〜(이)냐고 하다	〜(이)냐고 해요	〜(이)내요	〜(이)냈어요

		한다体 :〜しろ	間接引用 :〜しろと言う	해요体 :〜しろと言います	縮約形	過去形 :〜しろと言いました
命令文	動詞 있다	-아/어라	-(으)라고 하다	-(으)라고 해요	-(으)래요	-(으)랬어요

		한다体 :〜しよう	間接引用 :〜しようと言う	해요体 :〜しようと言います	縮約形	過去形 :〜しようと言いました
勧誘文	動詞 있다	-자	-자고 하다	-자고 해요	-재요	-쟀어요

会話 次の会話を発音してみましょう。意味も確認しましょう。

1

유미 : 수진 씨, 선배가 사귀자고 했다면서요?

수진 : 벌써 소문이 났어요? 오빠가 비밀로 하쟀는데….

2

민호 : 시경 선배님이 시간 있는 사람들 5시에 도서관 앞에 모이래요.

쇼타 : 선배님이 밥 사주시는 건가요? 맛있는 거 먹으러 갔으면 좋겠어요.

作文 韓国語で訳してみましょう。文末は縮約形も書くこと。

1．芝生には入るのをやめて下さいと言っています。

2．雨が降るかもしれないから傘を持って行きなさいと言いました。

3．今度は（다음에는）必ず一緒に見に行こうと言いました。

4．弟の手をしっかり握りなさいと言いました。

5．同じ町（동네）で暮らしましょうと言いました。

この課でやったことcheck！

☐ 間接引用の命令文とその縮約形を作ることができる。
☐ 間接引用の勧誘文とその縮約形を作ることができる。

第18課 使役表現

> **この課で学ぶこと**
> ・接辞による使役（使役動詞）
> ・–게 하다/만들다（～するようにさせる）
> ・名詞+시키다（～させる）

1. 接辞による使役（使役動詞）

　動詞（自動詞・他動詞）や形容詞に–이/히/리/기/우/추–などの接辞が付いたものを韓国語で사동사〈使動詞〉と言い、日本語の使役「～せる・させる」（日本語では普通の他動詞としての意味になるものもある）に対応する意味を持っている。どの他動詞にどの接辞が付くかは、動詞によって異なる。すべての動詞から사동사を作ることができるわけではなく、対応する사동사があるかどうかも動詞によって決まっている。

모기가 죽다　蚊が死ぬ	모기를 죽이다　蚊を殺す
아이가 앉다　子どもが座る	아이를 앉히다　子どもを座らせる

아이가 밥을 먹다.　　　子供がご飯を食べる。
아이에게 밥을 먹이다.　子供にご飯を食べさせる。

☞ただし、–이/히/리/기–などが付くことで、使役動詞と受身動詞の形が同じになる場合がある。これについては、目的語の有無により、どちらか判断する。

(例)
바다가 보인다.　　　　　　　　　海が見える。（受身）
바다를 보여 주었다.　　　　　　 海を見せてやった。（使役）
이 소설은 많이 읽힌다.　　　　　この小説は多く読まれている。（受身）
선생님이 유미에게 책을 읽혔다.　先生がユミに本を読ませた。（使役）

〈練習1〉次の動詞と사동사の対応を確認し、意味を考えてみましょう。
●自動詞→사동사
　　　얼음이 녹다（氷が溶ける）　→얼음을 녹이다（　　　　　　）
　　　아이가 울다（子供が泣く）　→아이를 울리다（　　　　　　）
　　　음료수가 남다（飲み物が残る）→음료수를 남기다（　　　　　　）

● 他動詞→사동사
　　밥을 먹다（ご飯を食べる）　　→밥을 먹이다（　　　　　）
　　옷을 입다（服を着る）　　　　→옷을 입히다（　　　　　）
　　사실을 알다（事実を知る）　　→사실을 알리다（　　　　　）
● 形容詞→사동사
　　굽이 높다（ヒールが高い）　　→굽을 높이다（　　　　　）
　　굽이 낮다（ヒールが低い）　　→굽을 낮추다（　　　　　）

☞一部の動詞では、以下のようになるものもある。
　　차가/건물이 서다（車が/建物が停める・立つ）　→차를/ 건물을 세우다
　　　　　　　　　　　　　　　　　　　　　　　　　　（車を/建物を停める・立てる）
　　어린이가 타다（子供が乗る）　　→어린이를 태우다（子供を乗せる）
　　아기가 자다（赤ちゃんが寝る）　→아기를 재우다（赤ちゃんを寝かせる）

☞以下のような動詞には、接辞が付くことができない。
　주다, 받다, 드리다, 바치다（授受動詞）
　얻다, 받다, 잃다, 돕다（受恵動詞）
　만나다, 닮다, 싸우다（「～と」につながる動詞）
　배우다, 느끼다, 바라다（経験動詞）
　이기다, 던지다, 지키다, 때리다（語幹が「ㅣ」で終わる動詞）
　노래하다, 도착하다（하다動詞）

2. -게 하다 / 만들다（～するようにさせる）
　-게 하다は「～するようにする」=「～するようにさせる」という意味で、-게 만들다も同様に使われる。この形は接辞による使役よりも多くの動詞で作ることができ、主に間接的な使役に使われる。

(例) 간장이 다 떨어져서 사 오게 했다.
　　　醬油がなかったので、お母さんはチョルスをスーパーに行かせた。

〈練習2〉次の単語を使って、必要な語を補いながら文を作りましょう。
① 어머니/나/매일 5시/일어나다（母は私を毎日5時に起こした）
　　_____
② 남/억지로/술/마시다/위험하다（他人に無理にお酒を飲ませることは危険です）
　　_____

3. 名詞＋시키다（させる）

하다가 붙는 동사의 하다를 시키다로 바꾸어, 간접적으로「〜させる」라는 사역 표현을 만들 수 있다.

(例) 아이에게 과외를 시켜서 좋은 학교에 보낸다.
　　子どもに家庭教師をつけて良い学校に送る（入れる）。
　　시험에 합격시키기 위해 학생을 열심히 가르쳤다.
　　試験に合格させるために学生を一生懸命教えた。

〈練習3〉次の語を시키다を使って「〜させる」という意味に書き換えましょう。

① 운동하다　（　　　　　　　）
② 연습하다　（　　　　　　　）
③ 결혼하다　（　　　　　　　）
④ 교육하다　（　　　　　　　）「教育を受けさせる」の意味
⑤ 증가하다　（　　　　　　　）

우체통（ポスト）

第18課　使役表現

会話 次の会話を発音してみましょう。意味も確認しましょう。

유미 : 우리 여동생이 아직 유치원에 다녀요.

수진 : 정말요? 귀엽겠네요.

유미 : 귀엽기는 하지만 아침에 혼자 옷을 입기 싫다고 해서 옷을 입혀 줘야 할 때도 있고 밥도 먹여 줘야 할 때도 있어서 힘들어요.

수진 : 우와, 나도 누가 옷도 입혀 주고 밥도 먹여 주면 좋겠다…

作文 韓国語に訳してみましょう。

1. すみませんが駅まで乗せて下さい。

2. 私は妹に本を読ませた（読むようにさせた）。

3. 語学力を向上させるためには、毎日勉強することが必要だ。

4. 先生は学生に毎日韓国語の発音練習をさせます。

5. バスが揺れるので子どもを席に座らせて下さい。

この課でやったことcheck！

☐ 使役表現「〜せる/させる」に対して韓国語では3つの形式があることがわかる。
☐ 接辞による使役について理解できた。
☐ -게 하다/만들다（〜のようにさせる）という表現が使えるようになった。
☐ 名詞+시키다による表現が使えるようになった。

第19課

受身表現

> **この課で学ぶこと**
> ・接辞による受身（受身動詞）
> ・動詞語幹＋아/어 지다（〜れる・られる）
> ・名詞＋되다、받다、당하다

1. 接辞による受身（受身動詞）

他動詞に–이/히/리/기–などの接辞が付いたものを韓国語で피동사〈被動詞〉と言い、日本語の受身（あるいは自動詞）に対応する意味を持っている。どの他動詞にどの接辞が付くかは、動詞によって異なる。すべての動詞から피동사を作ることができるわけではなく、対応する피동사があるかどうかも動詞によって決まっている。

（例）범인을 잡다　　犯人を捕まえる
　　　범인이 잡히다　犯人が捕まる〈피동사の文〉
　　　아이를 쫓다　　子どもを追いかける
　　　아이가 쫓기다　子どもが追いかけられる〈피동사の文〉

☞ただし、形式的には피동사だが、意味的には日本語の自動詞に対応するものもあり、自動詞と피동사の境界があいまいな場合もある。
　　（例）　시동을 걸다　エンジンをかける / 시동이 걸리다　エンジンがかかる

☞接辞を付けられない動詞は、使役の場合とほぼ同じである。その他にすでに使役の接辞がついた使役動詞には当然ながら受身の接辞は付くことができない。

〈練習1〉次の動詞と피동사の対応を確認し、意味を考えてみましょう。
　〈피동사の例〉
　　　카드를 쓰다（カードを使う）　　→카드가 쓰이다（　　　　　　　　）
　　　택시를 잡다（タクシーを捕まえる）→택시가 잡히다（　　〈自：捕まる〉）
　　　우산을 팔다（傘を売る）　　　　→우산이 팔리다（　　〈自：売れる〉）
　　　범인을 쫓다（犯人を追う）　　　→범인이 쫓기다（　　　　　　　　）

第19課　受身表現

〈練習2〉次の単語を使って文を作りましょう。動詞は피동사（受身動詞）に形を変えて使うこと。
① 옆집/피아노 소리/듣다（隣の家からピアノの音が聞こえます）
　_____
② 그 사람/이번/회장/뽑다/수민 씨（あの人が今回会長に選ばれたスミンさんです）
　_____

2. 動詞語幹＋아/어 지다（～れる・られる）

피동사がない動詞は、この-아/어지다で受身の意味を表す（피동사があってもこの形式も使われる場合がある）。動詞の連用形（해요体から요を取ったものと同型）に지다をつける。

　　（例）만들다　作る/ 만들어지다　作られる
　　　　 짓다　建てる/ 지어지다　建てられる
　　　　 느끼다　感じる/ 느껴지다　感じられる

☞形容詞の語幹に-아/어지다が付くと、「～くなる」という意味になり、動詞とは少し意味が異なるので注意すること。

　　（例）춥다　寒い/ 추워지다　寒くなる
　　　　 바쁘다　忙しい/ 바빠지다　忙しくなる

〈練習3〉次の単語を使って文を作りましょう。
① 이 절/1600년대/짓다（このお寺は、1600年代に建てられた）
　_____
② 오래 되다/간판 글자/지우다（古くなって看板の字が消えたようだ）
　_____
③ 등산/다니다/건강하다（山登りをしたら健康になりました）
　_____

3. 名詞（主に漢語）＋되다など

하다動詞は피동사がないため、하다を되다に変えることで受身の意味を表す場合がある。

（例）시작하다・시작되다　　始める・始まる（始められる）
　　　설치하다・설치되다　　設置する・設置される
　　　결정하다・_____　　決定する・_____

☞ 中には、되다がついても受身の意味にならないものもあるので注意！
　당선되다（当選する）、모순되다（矛盾する）、걱정되다（心配になる）、오염되다（汚染する）
☞ 似た表現として、名詞＋받다、당하다で受身の意味を持つものもある。당하다はマイナスの意味の語と結びつく傾向がある。

칭찬하다	褒める	→칭찬받다	称賛される、ほめられる
소개하다	紹介する	→소개받다	紹介される
사랑하다	愛する	→사랑받다	愛される
무시하다	無視する	→무시당하다	無視される
거절하다	断る［拒絶する］	→거절당하다	断られる
이용하다	利用する	→이용당하다	利用される
배신하다	裏切る［背信する］	→배신당하다	裏切られる

☞ ただし、도둑맞다（泥棒に入られる）や미움받다（憎まれる）などのように○○하다と対応しない語もある。

〈練習4〉次の単語を使って文を作りましょう。名詞に되다、받다、당하다のうち最もふさわしいものを付けること。

① 작년/자전거/교통 규칙/강화（去年から自転車も交通規則が強化されました。）
　　＿＿＿＿＿＿＿＿＿＿＿＿＿＿＿＿＿＿＿＿＿＿＿＿＿＿＿＿＿

② 비/오다/소풍/연기（雨が降ったので遠足は延期されました）
　　＿＿＿＿＿＿＿＿＿＿＿＿＿＿＿＿＿＿＿＿＿＿＿＿＿＿＿＿＿

③ 옆집/할아버지/많은/사람/존경（隣の家のおじいさんは多くの人から尊敬されています）
　　＿＿＿＿＿＿＿＿＿＿＿＿＿＿＿＿＿＿＿＿＿＿＿＿＿＿＿＿＿

서울 북촌
（ソウル・北村）

第19課　受身表現

会話 次の会話を発音してみましょう。意味も確認しましょう。

쇼타 : 이번에 학생 회장에 뽑힌 사람 알아요?

민호 : 네, 우리 과 친구예요. 공부도 잘하고 운동도 잘하고 성격도 좋아서 인기가 많아요.

쇼타 : 정말 많은 사람들한테 사랑받는 사람인가 봐요.

민호 : 네, 이번에 표도 그 친구한테 다 몰렸어요.

作文 韓国語に訳してみましょう。

1. 蚊に刺されてとてもかゆい（가렵다）です。

2. これは昨年たくさん売れた本だ。

3. 少し前に（방금 전에）紹介された田中です。

4. 大会（대회）で1位になり、先生や両親にほめられました。（1位になる : 일등을 하다）

5. 明日映画を見に行こうと言ったら断られました。

この課でやったことcheck！

☐ 受身表現「～れる・られる」に対して韓国語では3つの形式があることがわかる。
☐ 接辞による受身（受身動詞）について理解できる。
☐ 動詞語幹＋아/어 지다（～れる・られる）という表現が使えるようになった。
☐ 名詞＋되다、받다、당하다による表現が使えるようになった。

第20課 形式名詞

> **この課で学ぶこと**
> ・いろいろな形式名詞とその使い方
> ・수、리、뿐、만큼、줄、지경、참、바、탓、뻔

1. 形式名詞とは、そのままで使うことができない名詞であり、必ず前に連体形が来る。
例えば、「運転できます」の場合
　　　운전을 수가 있어요. (×) → 운전을 할 수가 있어요. (○)

2. 未来連体形＋수 있다/없다：〜することができる/できない〈可能・不可能〉
　(例) 어깨가 아파서 똑바로 누울 수가 없어요.
　　　肩が痛くてまっすぐに仰向けに寝ることができません。

　✏️ 「語幹＋았/었＋을 수가 있다」の形では、「〜だった可能性がある」という意味になる。
　　　(例) 어깨가 아팠을 수가 있어요.
　　　　　肩が痛かった可能性があります。

3. 未来連体形＋리가 없다：〜するはずがない
　(例) 그 사람이 시험에 떨어질 리가 없다.
　　　あの人が試験に落ちるはずがない。
　　　그 사람이 시험에 떨어졌을 리가 없다.
　　　あの人は試験に落ちたはずがない。

4. 未来連体形＋뿐：〜するだけ〈限定〉
　(例) 묵묵히 자기 일만 할 뿐 신경 안 쓰는 편이에요.
　　　黙々と自分の仕事をやるだけで他人のことを気にしない方です。

5. 連体形＋만큼：〜分（くらい）だけ〈程度〉
　(例) 남들 내는 만큼은 내려고요.
　　　皆が出すくらいは出そうと思って。
　　　연습을 많이 한 만큼 결과도 훌륭했어요.
　　　練習をたくさんした分結果も立派でした。
　　　숨소리가 들릴 만큼 가까운 거리였어요.
　　　息づかいが聞こえるくらい近い距離でした。

第20課　形式名詞

6. 未来連体形＋줄 알다/모르다：～することができる/できない、～する方法を知る/知らない
　(例) 김밥을 만들 줄은 알지만 귀찮아서 그냥 사 먹어요.
　　　キンパ（のりまき）は作ることはできるけど面倒なので買って食べます。

7. 未来連体形＋줄 알았다/몰랐다：～すると思った/思わなかった
　(例) 설마 그렇게 어이없이 질 줄은 몰랐어요.
　　　まさかそのようにあっけなく負けるとは思いませんでした。

〈練習1〉連体形＋「줄 알다/모르다、만큼、수 있다/없다」を使って韓国語に訳してみましょう。

①　彼がピアノを弾くことができることは知っていた。
　　_____

②　しかし、そんなに上手だとは思わなかった。
　　_____

③　鳥肌が立つ（소름이 돋다）ほど立派な演奏だった。
　　_____

④　観客が全部出ていくまで席を立つ（자리를 떠나다）ことができなかった。
　　_____

8. 未来連体形＋지경이다：する～ほどだ
　(例) 평소 안 하던 운동을 너무 무리해서 했더니 쓰러질 지경이야.
　　　普段していない運動をやりすぎたので倒れるところだよ。

9. 未来連体形＋참이다：～しようとするところだ、～するつもりだ
　(例) 언제 이야기할 참이었어요?
　　　いつ話するつもりだったんですか。
　　　지금 막 출발하려던 참이었어요.
　　　ちょうど今出発しようとしていたところでした。

10. 連体形＋바：～するところ、～したところ
　(例) 짐작이 가는 바가 있어서 그럽니다.
　　　見当がつくところがあるのでそうなんです。
　　　여러분, 맡은 바 책임을 다 해 주시기 바랍니다.
　　　皆さん、ご担当の仕事は責任を果たして下さいますようお願いします。
　　　내 알 바가 아니다.
　　　私の知ったことじゃない。

11. 過去連体形＋탓：〜したせい

（例）어제 라면을 먹고 잔 탓에 아침에 얼굴이 퉁퉁 부어 버렸다.
　　　昨晩ラーメンを食べて寝たせいで、今朝顔はパンパンにむくんでしまった。

12. 未来連体形＋뻔하다：〜するところだった

（例）스마트폰을 보면서 길을 가다가 차에 치일 뻔했다.
　　　スマートフォンを見ながら道を歩いていて車にひかれそうになった。

〈練習2〉連体形＋「지경、참、바、탓、뻔」を使って韓国語に訳してみましょう。

① 家を出ようとしているところ（참）で電話が鳴った。
　_____

② 急いでいてテーブルの角に膝がぶつかって痛すぎて涙が出るほど（지경）だった。
　_____

③ 危うくスマートフォンを落とすところ（뻔）だった。
　_____

④ 昨日友達と大ゲンカしたせいで1日中憂鬱だった。
　_____

⑤ そんなこと私の知ったことじゃない。
　_____

솟대
（ソッテ：昔お祝いやお祈りのため
に村に建てたもの）

부여 정림사지오층석탑
（扶餘・定林寺址五層石塔）

한복
（韓服）

第20課　形式名詞

会話 次の会話を発音してみましょう。意味も確認しましょう。

유미：배가 너무 고파서 현기증이 날 지경이에요.
　　　혹시 뭐 먹을 거 없어요?

수진：막 떡볶이를 만들려던 참이었어요. 제가 궁중떡볶이를
　　　만들 줄 아니까 잠깐만 참으세요.

유미：수진 씨는 마음이 예쁜 만큼 음식 솜씨도 좋군요.
　　　전 먹을 줄은 알아도 만들 줄은 몰라요.

수진：그럴 리가요. 유미 씨도 말만 그렇게 할 뿐이지 요리 잘
　　　하잖아요. 다음에 일본 요리 좀 가르쳐 주세요.

作文 この課で習った形式名詞を使って韓国語で訳してみましょう。

1．言葉が通じなくても宿泊先（숙소）までは行けますよね。

2．先輩がそんなミスをするはずがないだろうに、信じられませんね。

3．解雇になりかけたこともあるが、働いた分だけ報われます。

4．遠くで見守るだけで直接には何も言わない。

5．今回のことで見習った部分が大きいです。

この課でやったことcheck！

☐ 形式名詞の「수、리、뿐、만큼、줄」の意味と使い方がわかる。
☐ 形式名詞の「지경、참、바、탓、뻔」の意味と使い方がわかる。

韓国語を使ってみよう❹

友達のことをもっと知ろう

1．ペアになり、お互いの名前、誕生日、趣味、起床時間や就寝時間、好き嫌いなどを聞いてみましょう。また、休日の約束もしてみましょう。

（名前）
A：이름이 뭐예요?／ 성함이 어떻게 되십니까?
B：

（誕生日や星座）
A：
B：

（起床時間や就寝時間）
A：
B：

（趣味）
A：
B：

（好き嫌い）
A：
B：
A：
B：

（休日のお誘い）
A：
B：
A：
B：

2．上でお互いに聞いた内容を別の人に伝えてみましょう。

発展

発展 1

文末表現

1. 話者の意向、状況説明を述べる、相手の意向や判断を尋ねる

⃞1 ～です、（する）つもりです〈話者の意思〉
【動詞語幹】＋ ㄹ/을게(요)：～です、（する）つもりです
（例）내일 꼭 갈게요.　　　　　　明日必ず行きます。
　　　숙제가 끝나면 밥을 먹을게.　宿題が終わったらご飯を食べるよ。
　☞発音は［ㄹ께(요)］となる。

⃞2 ～なの、～なんですよ〈相手が知らないと思われる内容を説明する〉
【動詞語幹】＋ 거든(요)
（例）참, 어제 학교에 가는 길에 민호 오빠를 만났거든요.
　　　そういえば昨日学校に行く途中でミンホさんに会ったんですよ。
　☞요がつく場合の発音は［거든뇨］となる。

⃞3 ～（する）よ、～（する）の？、～（し）ますよ、～（し）ます（か）
〈自分の意向を言ったり、相手の意向を尋ねる〉
【動詞語幹】＋ ㄹ/을래(요)「～するよ」
（例）커피 드실래요?　홍차 드실래요.
　　　コーヒー召し上がりますか。紅茶召し上がりますか。
　　　나는 수업 끝나면 도서관에 갈래.
　　　私は授業が終わったら図書館に行くよ。

⃞4 ～（し）ましょうか、でしょうか〈相手の判断を尋ねたり、話者の提案を伝える〉
【動詞語幹】＋ ㄹ/을까요?
（例）같이 갈까요?　　　　　一緒に行きましょうか。〈話者の提案〉
　　　내일 날씨가 더울까요?　明日、（天気が）暑いでしょうか。〈相手の判断を尋ねる〉

〈練習1〉次の文を韓国語で言ってみましょう。

① 월급/받다/찻값/나/내다（給料をもらったからお茶代は私が出すよ）

　_____

② 5시/학교/앞/기다리다（5時に学校の前で待ちます）

　_____

③ 오늘/먹다/내일/다이어트하다（今日だけ食べて明日からダイエットするつもり）

　_____

2. 話者の聞き手に対する態度を表す語尾

> ① 〜ですね〈感嘆、同意を求める〉
> 【動詞・形容詞語幹】+ 네(요)：〜ですね（感嘆）
> (例) 날씨가 좋네요.　　　　　天気がいいですね。
> 　　 이 김치 좀 맵지만 맛있네.　このキムチちょっと辛いけどおいしいね。

> ② 〜で・ましょう、〜で・ましょうか、〜です・ますよね〈聞き手への確認〉
> 【動詞・形容詞語幹】+ 지(요)？/ 죠
> (例) 오늘은 학교에 안 가지요?　今日は学校に行かないでしょう。
> 　　 너 고등학생이지?　　　　　君、高校生だろ。

> ③ 〜(し)ましょう、しよう〈勧誘〉
> 【動詞語幹】+ ㅂ/읍시다　：〜（し）ましょう
> 【動詞語幹】+ 자　　　　　：〜しよう
> (例) 같이 갑시다.　　　一緒に行きましょう。
> 　　 같이 가자.　　　　一緒に行こう。
> 　　 사진을 찍읍시다.　写真を撮りましょう。
> 　　 사진을 찍자.　　　写真を撮ろう。

☞目上の人には以下のように言う。
　　같이 가시지요.　　　　一緒に行きましょう。
　　사진을 찍으시지요.　　写真を撮りましょう。

〈練習2〉次の文を韓国語で言ってみましょう。

① 雨が降っているね。
　_____

② 今日は道が混みますね（막히다）。
　_____

③ あの人は，ユナさん（유나 씨）の弟でしょう。
　_____

④ 駅までバスで行きますよね。
　_____

⑤ 明日一緒に映画を見に行こう。
　_____

発展 2
話し言葉と書き言葉

1. 書き言葉と話し言葉

　韓国語も日本語と同様、会話などで使われる「話し言葉」と文章で使われる「書き言葉」がある。現代では電子メールやソーシャルメディアなどの発達により、書き言葉と話し言葉の境界があいまいになりつつあるため、ごく親しい友人とやり取りするメールやショートメッセージなどは話し言葉で書いても問題ないかもしれない。しかし、目上の人への手紙やレポートなどにおいては、内容にふさわしい「書き言葉」で書くのが望ましい。

　書き言葉では手紙やメールなどの特定の相手を想定した文章を除き、丁寧体である합니다体や해요体は使わず、日本語の「だ・である」に相当する한다体を使う。한다体については、第6課「敬語とぞんざい表現」で学習した通りである。

　以下は書き言葉で注意する点である。

① 主語について

　不特定の読者を想定して한다体を使う書き言葉では、主語は저ではなく、나を使う。また저희（「私たち」の丁寧形）ではなく、우리を使う。

　　　저는 학생이다. (×)　→나는 학생이다. (○)

② 助詞について

　以下の助詞は書き言葉と話し言葉で異なるものを使う。

日本語	話し言葉	書き言葉
と	-하고、-(이)랑	-와/과
（人）に	-한테	-에게
（人）から	-한테서	-에게서

☞書き言葉でよく使われる助詞を話し言葉で使うのは問題ないが、逆は好ましくない。

③ 接続詞について

日本語	話し言葉	書き言葉
それで、そのため	그래서	그러므로、따라서
ところで、しかし	그런데、근데	그러나、반면에

2. 語彙の縮約

話し言葉では、指示詞などを中心に語彙の縮約が多用されるが、書き言葉では縮約はなるべく使わないようにする。以下は話し言葉と書き言葉で使い分けるのが望ましい語彙の例である。

日本語	話し言葉	書き言葉
これ	이거	이것
これは	이건	이것은
これを	이걸	이것을
これが	이게	이것이
何を	뭘	무엇을
私に	내게	나에게
君が	니가	네가
少し	좀	조금
はなし	얘기	이야기
アルバイト	알바	아르바이트
面白い	재밌다	재미있다

3. 副詞の選択について

書き言葉と話し言葉では、使用される副詞も異なる。以下はその例である。

● 話し言葉で多用される副詞

진짜（本当に）　　　　　　　　참（本当に）
되게（とても）　　　　　　　　엄청（すごく）
완전（すごく）　　　　　　　　무지（すごく）
같이（一緒に）

● 書き言葉にふさわしい副詞

진심으로（本当に）　　　　　　아주（とても）
매우（とても）　　　　　　　　상당히（かなり）
함께（一緒に、共に）

〈練習〉以下の文で書き言葉としてふさわしくない部分を見つけ、書き換えましょう。意味も確認しましょう。

① 이 김치 맛이 진짜 좋다.
② 내가 좋아하는 건 이게 아니라 저거다.
③ 친구랑 같이 도서관에서 공부했다.
④ 제 생일은 9월 24일이다.
⑤ 난 비빔밥을 무지 좋아해.

韓国語を使ってみよう ❺

ある日の出来事を話してみよう

1．ある日の(自分の)日記を書いてみましょう。

2．上記1．で書いた日記をペアの人と交換して読み、内容についてお互いに質問したり、確認したり、相槌をうったりしてみましょう。

会話・読解の単語

*助詞と人名、その課で学んだ表現は除く

	韓国語	日本語
第1課	서울	ソウル
	여행	旅行
	가다	行く
	어디	どこ
	좋다 [조타]	よい
	글쎄요	さあ、そうですね
	한글	ハングル
	박물관 [방물관]	博物館
	알다	知る、知っている、わかる
	거기	そこ
	재미있다 [재미읻따]	面白い
	쉬는 날	休みの日
	뭐	何
	하다	する
	보통	普通、通常、ふだん
	영화	映画
	보다	見る
	책	本
	읽다 [익따]	読む

	韓国語	日本語
第2課	지난주	先週
	고등학교	高校
	때	時
	친구	友達
	~들	~達（複数を表す）
	만나다	会う
	어떻다 [어떠타]	どうだ
	제	私の
	많이 [마니]	たくさん、多く
	변하다 [벼나다]	変わる、変化する
	어제	昨日
	오디션	オーディション
	프로그램	番組
	네	はい
	모두	皆、全て
	너무	あまりに、すごく
	열정적 [열쩡적]	情熱的
	감동받다	感動する

	韓国語	日本語
第3課	일본	日本
	음식	料理、食べ物
	좋아하다 [조아하다]	好む、好きだ
	초밥	寿司
	우동	うどん
	요즘	最近
	한국	韓国
	맛있다 [마싣따]	美味しい
	식당	食堂、レストラン
	많다 [만타]	多い
	저	私、わたくし
	떡볶이 [떡뽀끼]	トッポッキ
	김밥	キンパ（韓国式海苔巻き）
	그렇다 [그러타]	そうだ
	그럼	では
	우리	私たち
	다음	次、今度
	같이 [가치]	一緒に
	-(으)러	~しに
	김포공항	金浦空港（ソウルにある空港）
	공항철도 [공항철또]	空港鉄道
	-(으)면	~ば
	지하철	地下鉄
	5 호선	5 号線
	빨리	急いで、早く
	-(으)ㄹ 수 있다	~することができる

	韓国語	日本語
第4課	무슨	何の
	음악	音楽
	듣다 [듣따]	聞く
	아이돌	アイドル
	그룹	グループ
	요	~です（丁寧さを加える語尾）
	그런데	ところで、でも
	가사	歌詞
	어렵다 [어렵따]	難しい
	얼굴	顔
	왜	なぜ

	韓国語	日本語
第4課	이렇다 [이러타]	こうだ
	붓다 [붇따]	腫れる、むくむ
	라면	ラーメン
	자다	寝る
	더니	～たところ
	퉁퉁	パンパンに
	네요	～ですよ、～なのです

	韓国語	日本語
第5課	눈	目
	빨갛다 [빨가타]	赤い
	울다	泣く
	슬프다	悲しい
	노래방	カラオケ
	노래	歌
	부르다	歌う
	케이팝	K-POP（韓国音楽）

	韓国語	日本語
第6課	월	～月
	일	～日
	토요일	土曜日
	맑음 [말금]	晴れ
	오늘	今日
	~씨	～さん
	공원	公園
	사람	人
	나무	木
	아래	下
	도시락	弁当
	다르다	違う、異なる
	약속	約束
	먼저	先に
	나	私
	안	中
	동물원	動物園
	코끼리	象
	아주	とても
	쯤	～くらい
	집	家
	조금	少し
	피곤하다	疲れている
	하지만	でも、しかし
	즐겁다 [즐겁따]	楽しい
	날	日

	韓国語	日本語
第7課	중2	中2
	남동생	弟
	사춘기	思春期
	힘들어하다	辛く思う
	돕다 [돕따]	助ける、手伝う
	-아/어 주다	～てやる
	아울렛	アウトレット（の店）
	사다	買う
	옷	服
	작다 [작따]	小さい
	영수증	レシート、領収書
	바꾸다	替える、取り替える
	-잖아요 [자나요]	～じゃないですか

	韓国語	日本語
第8課	시험	試験
	공부하다	勉強する
	아뇨	いいえ
	아직	まだ
	어떡하다 [어떠카다]	どうする
	-지요	～ですよ、ですね
	내일	明日
	아르바이트	アルバイト
	별로	あまり
	시간	時間
	없다 [업따]	ない、いない
	걱정하다 [걱쩡하다]	心配する
	-지 마세요	～（し）ないでください
	과목	科目
	문제	問題
	전혀	全然、まったく
	발음	発音
	참	とても
	잘하다	上手だ、うまい
	멀다	遠い、まだまだだ
	모음	母音
	엄마	ママ
	자음	子音
	제대로	きちんと、まともに
	여간	(後ろに否定が来て)とても（～だ）、～なんてものではない
	-(으)ㄹ 텐데	～でしょうに
	-지만	～だが、だけど

第8課	열심히 [열씨미]	一生懸命
	-고 있다	～ている

	韓国語	日本語
第9課	등산	登山
	시작하다 [시자카다]	始める
	얼마나	どれくらい
	되다	経つ、なる
	한	約、だいたい
	2년	2年
	산	山
	스트레스	ストレス
	풀리다	ほどける、解消される
	잘	よく
	초등학생	小学生
	합창단	合唱団
	-는데	～だが
	지금	今

	韓国語	日本語
第10課	겨울	冬
	방학	休み（学校の休み）
	춥다 [춥따]	寒い
	입다 [입따]	着る
	유명하다	有名だ
	유적지 [유적찌]	遺跡
	-에 대해서	～について、～に対して
	쓰다	書く
	에세이	エッセイ
	고맙다 [고맙따]	ありがたい
	꼭	必ず

	韓国語	日本語
第11課	다음주 [다음쭈]	来週
	연휴	連休
	-(으)려고	～（し）ようと
	가족	家族
	대자연	大自然
	느끼다	感じる
	오	おお（感嘆詞）
	부럽다 [부럽따]	うらやましい
	이렇게 [이러케]	このように
	덥다 [덥따]	暑い
	최고	最高

第11課	-죠	～ですね
	넓다 [널따]	広い
	차	車
	빌리다	借りる
	여기저기	あちこち
	돌아보다	見て回る
	조심하다	気を付ける、注意する
	다녀오다	行ってくる

	韓国語	日本語
第12課	백화점 [배콰점]	デパート、百貨店
	여기	ここ
	버스	バス
	타다	乗る
	전철	電車
	걸리다	（時間が）かかる
	괜찮다 [괜찬타]	大丈夫だ
	멀미	乗り物酔い

	韓国語	日本語
第13課	리포트	レポート
	마감	締め切り
	남다 [남따]	残る
	큰일 나다	大変だ
	교과서	教科書
	말씀	お言葉、お話
	필요하다	必要だ
	다	全て、全部
	일단 [일딴]	とりあえず
	커피	コーヒー
	마시다	飲む
	천천히 [천처니]	ゆっくり

	韓国語	日本語
第14課	주말	週末
	-고요	～（し）ますし
	운동	運動
	다이어트	ダイエット
	결심하다	決心する
	저녁	夕方、晩
	밖	外
	나가다	出る、出かける
	비	雨
	오다	降る
	결국	結局

	韓国語	日本語
第15課	돗자리 [돋짜리]	敷き物、レジャーシート
	준비하다	準備する
	몸	体
	돈	お金
	음료수 [음뇨수]	飲み物、飲料水
	덕분에	お陰様で
	오래간만에	久しぶりに
	새로	新しく、新たに
	이사(를) 가다	引っ越す、引っ越しする
	동네	町
	전	前
	살다	住む、暮らす
	시끄럽다 [시끄럽따]	うるさい、騒がしい
	역	駅
	가깝다 [가깝따]	近い
	햇볕 [핻뼏]	日差し、太陽光
	들다	入る

	韓国語	日本語
第16課	소문	噂
	선배님	先輩
	결혼	結婚
	누구	誰
	절대로 [절때로]	絶対に
	물어보다	聞く、尋ねる
	두 명	2名
	정도	くらい
	좀	少し
	늦다 [늗따]	送れる
	연락 [열락]	連絡

	韓国語	日本語
第17課	사귀다	付き合う、交際する
	벌써	もう、すでに
	소문이 나다	噂になる
	오빠	(年上の)恋人(もともとは「兄」の意味)
	비밀	秘密
	도서관	図書館
	모이다	集まる
	밥	ご飯、食事
	건가요	ことなのでしょうか(것인가요の縮約)
	거	こと(것の縮約)

	韓国語	日本語
第18課	여동생	妹
	유치원	幼稚園
	다니다	通う
	정말	本当に
	귀엽다 [귀엽따]	かわいい
	아침	朝
	혼자	ひとり(で)
	싫다 [실타]	嫌だ
	입히다 [이피다]	着せる
	먹이다	食べさせる
	힘들다	大変だ、辛い
	우와	うわ(感嘆詞)

	韓国語	日本語
第19課	이번	今度の、今回の
	학생 [학쌩]	学生
	회장	会長
	뽑히다 [뽀피다]	選ばれる
	과	学科
	성격 [성껵]	性格
	인기 [인끼]	人気
	사랑받다 [받따]	愛される
	표	票
	몰리다	集まる、集中する

	韓国語	日本語
第20課	배	お腹
	고프다	(お腹が)空く、空いている
	현기증 [현기쯩]	めまい
	혹시 [혹씨]	もしかして、もしや
	막	ちょうど
	만들다	作る
	궁중떡볶이	宮中トッポッキ
	잠깐	ちょっと、しばらく
	참다 [참따]	我慢する
	마음	気持ち、心
	만큼	〜と同じくらい
	솜씨	腕、手腕
	− 군요 [군뇨]	〜ですね
	모르다	知らない、わからない
	요리	料理
	가르치다	教える
	다음에	今度、次に

使いこなすための韓国語文法

| 検印省略 | © 2019 年 1 月 30 日　　第 1 版 発行 |

著者　　　　　　　永　原　　歩
　　　　　　　　　金　　秀　美

発行者　　　　　　原　　雅　久
発行所　　　　株式会社　朝　日　出　版　社
　　　　〒 101-0065 東京都千代田区西神田 3-3-5
　　　　　　電話 (03) 3239-0271・72（直通）
　　　　　　　http://www.asahipress.com
　　　　　振替口座　東京　00140-2-46008
　　　　　　　　明昌堂／信毎書籍印刷

乱丁，落丁本はお取り替えいたします
ISBN978-4-255-55666-6 C1087

本書の一部あるいは全部を無断で複写複製（撮影・デジタル化を含む）及び転載することは、法律上で認められた場合を除き、禁じられています。

朝日出版社 ハングル能力検定試験問題集のご案内

ハングル能力検定試験5級実戦問題集

李昌圭／尹男淑 共著

- 問題を類型別に分けたので、実際の試験問題の出題順に始められる
- 類型別問題の対策と解答のポイントを詳しく解説
- 5級出題の文法と語彙などを合格ポイント資料として提示
- ハングル検定対策本のなかで最多の問題数
- リスニング問題がCD2枚でまとめて学習できる
- CDで出題語彙も集中的に学習できる
- 模擬テストで実戦練習ができる
- 筆記と聞き取りの問題の解説を巻末にまとめて収録している

● A5判 ● 208p. ● 特色刷 ● CD2枚付　　本体価格 2,700円（403）

ハングル能力検定試験4級実戦問題集

李昌圭／安國煥 共著

- 問題を類型別に分けたので、実際の試験問題の出題順に始められる
- 類型別問題の対策と解答のポイントを詳しく解説
- 4級出題の文法と語彙などを合格ポイント資料として提示
- ハングル検定対策本のなかで最多の問題数
- リスニング問題がCD2枚でまとめて学習できる
- 模擬テストで実戦練習ができる
- 筆記と聞き取りの問題の解説を巻末にまとめて収録している

● A5判 ● 224p. ● 特色刷 ● CD2枚付　　本体価格 2,700円（402）

ハングル能力検定試験3級実戦問題集

李昌圭／尹男淑 共著

- 問題を類型別に分けたので、実際の試験問題の出題順に始められる
- 類型別問題の対策と解答のポイントを詳しく解説
- 3級出題の文法と語彙などを合格ポイント資料として提示
- ハングル検定対策本のなかで最多の問題数
- リスニング問題がCD2枚でまとめて学習できる
- 模擬テストで実戦練習ができる
- 筆記と聞き取りの問題の解説を巻末にまとめて収録している

● A5判 ● 272p. ● 特色刷 ● CD2枚付　　本体価格 2,700円（431）

ハングル能力検定試験準2級対策問題集 -筆記編-

李昌圭 著

- 出題内容が体系的に把握でき、試験準備が効率よくできる
- 準2級に出題される語彙や文法事項、発音、漢字等が一目瞭然でわかる
- 本書収録の520題（本試験の11回分相当）の豊富な問題を通してすべての出題形式の問題が実戦的に練できる
- 間違えた問題や不得意な問題は印をつけ、繰り返し練習ができる

● A5判 ● 360p. ● 特色刷　　本体価格 2,400円（743）

ハングル能力検定試験準2級対策問題集 -聞き取り編-

李昌圭 著

- 出題の傾向、学習ポイントが全体的・体系的に理解できるように、過去問を詳細に分析して出題内容を類型別に整理・解説
- 問題の類型と傾向、頻出語句、選択肢、文法事項などが一目で分かるように、問題類型別に重要なポイントをまとめて「合格資料」として提示
- 本試験と同じ練習問題を通して実戦的に練習ができるように、豊富な練習問題を類型別にまとめて本試験と同じ出題順に提示
- すべての問題は本試験と同じ形式で添付の音声ファイルCD-ROMに収録。実戦的に繰り返し練習ができ、聴力を鍛えることができる

● A5判 ● 280p. ● 特色刷 ● 音声ファイルCD-ROM付　　本体価格 2,600円（1028）

（株）朝日出版社

〒101-0065　東京都千代田区西神田3-3-5
TEL：03-3263-3321　　FAX：03-5226-9599
E-mail：info@asahipress.com　　http://www.asahipress.com/